情绪化的孩子怎么教

罗茜 ◎ 著

台海出版社

图书在版编目（CIP）数据

情绪化的孩子怎么教 / 罗茜著. —— 北京：台海出版社，
2018.11

ISBN 978-7-5168-2159-6

Ⅰ.①情… Ⅱ.①罗… Ⅲ.①情绪–自我控制–家庭
教育 Ⅳ.①G78②B842.6

中国版本图书馆 CIP 数据核字(2018)第 244941 号

情绪化的孩子怎么教

著　　者:罗　茜

责任编辑:王　萍

装帧设计:快乐文化　　　　　版式设计:通联图文

责任校对:罗　金　　　　　　责任印制:蔡　旭

出版发行:台海出版社

地　　址:北京市东城区景山东街 20 号　　邮政编码:100009

电　　话:010-64041652(发行,邮购)

传　　真:010-84045799(总编室)

网　　址:www.taimeng.org.cn/thcbs/default.htm

E - mail:thcbs@126.com

经　　销:全国各地新华书店

印　　刷:北京鑫瑞兴印刷有限公司

本书如有破损、缺页、装订错误,请与本社联系调换

开　　本:640mm×960mm　　　　　1/16

字　　数:170 千字　　　　　　　印　　张:14

版　　次:2019 年 1 月第 1 版　　印　　次:2019 年 1 月第 1 次印刷

书　　号:ISBN 978-7-5168-2159-6

定　　价:39.80元

前　言

1

情绪化,是孩子普遍存在的问题,特别是在孩子小的时候,这个问题尤其严重。

爱发脾气是孩子在一岁以后出现的现象,一旦不如意,便大声哭闹、跺脚、打滚。这种"动肝火"不一定是对着别人,有时候还会冲着自己。

等到孩子再大一点,他们会经常表现得很执拗,不听父母的话,不按旁人的要求去做,或是口头答应而内心不满,一旦离开众人的视线就会故意去闯祸。这些问题,几乎所有当父母的人都或多或少遇到过,也往往令人困惑和苦恼。

为什么这么小的孩子就会"闹情绪"呢?看见自己的孩子在众人面前"脾气发作",对父母来说,也是一件相当难堪的事情吧!

2

一般情况下,当孩子闹情绪时,父母首先想的是自己的面子,却很少有人真正地去关心孩子此时的心情与情感需要。于是,父母便会迅速地对孩子的行为加以压制。

其实,这样做并不正确。在作为成年人的父母的脑海中有自成体系的戒律,哪些行为是可以接受的,哪些的行为是不能够发生的;并且,在情感表达方面,父母们也有明确的认知,什么样的情感是值得赞扬的,哪些情感是不应该存在的,而孩子们却没有这样的认知,更没有形成这样的概念。

比如,一个2岁左右的孩子爱发脾气,这可能是一种正常现象。因为这个年龄段的孩子自制力差,容易冲动,对于挫折的接受程度是有限的。比如,这个孩子要把食物乱扔,父母不允许,为什么不可以,他不明白,有可能就会通过发脾气的方式来表达自己的感情。而孩子到了4岁以上,对挫折就会有一定的控制能力,他已经初步明白事理。如果4岁以上的孩子还经常发脾气,那么,原因大多数就要归咎于父母。

成年人大多明白,每个人都有情绪。负面情绪的表达,是孩子正常的宣泄,要适度允许孩子发发小脾气,但寻找原因和安抚孩子,在这一过程中显得尤为重要。

另外,不同的孩子有不同的气质特点,人们总是更喜欢情绪积极的孩子。情绪消极的孩子,常常会令人不快,让父母担忧,但实际上,每个孩子的内心都会渴望快乐和友好。

家长若能够及早了解孩子的气质特点,就能够巧施妙计,积极地引导孩子的情绪,逐渐发展出一种最适合孩子气质特点的教育方式,避免因为孩子的气质和父母期望、教育方式间的不协调而产生各种冲突。

3

生活中，很多父母都愿意做孩子的朋友，也都喜欢倾听孩子的心声。可是，他们却比较喜欢接受孩子的积极情感，而对于在孩子们身上存在的消极情感只会采取拒绝的态度。

其实，孩子们更希望父母能够接受自己的负面情绪。如果看到孩子伤心难过、勃然大怒、烦躁郁闷，父母应该在第一时间给予积极的引导。只有这样，等孩子长大以后，面对挫折的时候，才可以以积极的心态正确面对。只有在父母的包容和支持下，他们才会更加自信地面对生活，才不至于轻易被困难击倒。

不同年龄的孩子会有不同的情绪，父母只要对孩子的情绪行为有更深层的了解，就能轻松化解孩子的各种任性行为。本书以简单的文字、容易执行的教养方式，让父母轻松读懂孩子的情绪，找到对症下药的良方！

目　录

第一章　正确引导,让孩子具备积极的情绪　　　1

人难免有七情六欲,合理控制自己的情绪对成年人来说尚属不易,孩子们就更难做到了。在孩子成长的道路上,最大的敌人其实并不是别人,而是自己。他们缺乏对自己情绪的控制。

第二章　善于鼓励,让孩子保持良好的心境　　　19

对孩子的行为进行适度的赞美和赞赏,能让孩子保持一种好的心境和状态。未成年的孩子对自己的看法完全取决于周围人的评价,特别是父母的评价,哪怕是一句话,或者是一个眼神,都会对孩子产生终生的影响。

第三章   心平气和,杜绝情绪化的批评   **43**

情绪化的批评,只会让孩子更闹情绪,大为降低判断是非对错的能力,影响他为人处世的能力,甚至是未来的发展,因此,父母要杜绝对孩子使用情绪化的批评。

第四章   耐心倾听,搞明白孩子为什么闹情绪   **69**

当孩子闹情绪的时候,父母先不要粗暴压制,而要先争取搞明白孩子的真正意图,这样才不会给孩子造成不适感,才能实现和孩子的畅通交流。

第五章　尊重孩子,平等的对话造就平和的情绪　　　**97**

回想你小的时候,最渴望的是什么呢?是"平等",父母如果能够给孩子平等对话的环境,对于孩子的成长将有着非同一般的意义。

第六章　控制情绪,宽容地对待孩子的缺点　　　**117**

世界上从来没有十全十美的人,更何况是懵懂的孩子。对于一个孩子来说,那些所谓的优点和缺点往往是辩证的,有的看起来是缺点,实质上却有着变为优点的潜能;现在的缺点,也许就会成为将来的优点。

第七章 阳光教育,品行优秀的孩子才有好情绪 **139**

品行和道德是人的立身之本,就像树的根,如果根扎得不好树就长得不高。育人先育德,要想孩子有良好的情绪,必须先培养孩子优秀的道德品质。

第八章 摸清孩子的个性,才能了解孩子的情绪 **163**

家长若能够及早了解孩子的个性特点,就能够巧施妙计,积极地引导孩子的情绪,逐渐发展出一种最适合孩子个性特点的教育方式。避免因为孩子个性和父母期望、教育方式间的不协调而产生各种冲突。

第九章　接纳孩子的负面情绪　　185

很多父母都喜欢接受孩子的积极情感，而对于在孩子们身上存在的消极情感只会采取拒绝的态度。其实，孩子们更希望父母能够接受自己的负面情绪。

第一章

正确引导，
让孩子具备积极的情绪

　　人都有七情六欲，情绪的控制对成人来说尚且不易，对孩子来说就更难了。在孩子成长的道路上，最大的敌人其实并不是别人，而是自己。他们缺乏对自己情绪的控制。

把失败的权利还给孩子

古话说:"失败乃成功之母。"每个人都是只愿意获得成功,不想承认失败。但是,失败一直都有它的价值。只有在孩子失败的时候,父母加以正确引导,孩子才能够获得更多的成长。

王岚是六年级的学生,她不仅长得漂亮,学习也很优秀。一次,老师告诉王岚,区里要进行各校之间的比赛,学校选派她去参加。

王岚很兴奋,但也有点紧张。老师和爸爸妈妈都鼓励她说,只要发挥正常,拿名次是没有问题的。

考试那天,王岚看到操场上站满了各个学校的老师、领导还有家长,他们不停地给即将参加比赛的孩子说着要求。王岚瞬间紧张起来,结果在比赛中,她发挥失常了,不但没有拿到名次,还被远远地甩到了50名之外。她哭得很伤心,甚至不愿去学校,害怕面对老师和同学。

爸爸领着王岚去郊外散心,路上给她讲了许多成功、成名的科学家、残疾人在面对失败和挑战自强不息的故事,鼓励王岚向他们学习,相信自己。爸爸告诉她,在人生成长的道路上,失败是很正常的,没有人不经过失败而百战百胜,关键是有智慧的人会利用失败,接受挑战,迎来下一次的成功。

很快,王岚就从这次失败中站了起来,不再计较一两次的考试失利，在后来的升学考试中，王岚以第一名的好成绩考入了自己理想的学校。

父母总是寄予很多的希望在孩子的身上。在孩子面临人生的重要关卡时，家长往往比孩子更加紧张。这种心情是可以理解的，但是很多行为对孩子是有害无益的。没有人可以在毫无经验的情况下做好一件事。孩子还处于人生的摸索阶段，没有阅历和经验，他有失败的权利。

父母对于孩子的言传身教是尤为重要的，在教育孩子的过程中，父母可以适当地告诉孩子在生活、事业等方面遇到的挫折，让孩子对挫折有初步的认识，同时也为孩子树立榜样。让孩子知道，这一切都没有什么大不了。父母的态度，很多时候会给孩子无形的精神力量。

每个人面对不如意的事情，都会产生负面情绪。成年人中有些人会通过倾诉或者自我调节来排解，更多人会选择冷静地反省自身和理智地面对问题，或者寻求帮助来更好地解决问题。同样，在孩子面对挫折的时候，也要积极地帮助他们，让孩子从挫折中成长，获取经验教训，完成自身的学习，获得自信和勇气，提高各方面的能力。

所以，我们要告诉孩子："你可以失败。"

谁没有失败过呢？我们要宽容孩子，允许他犯错，给孩子更多阅历。让孩子学会如何承受失败是非常必要的，甚至，我们要让孩子知道，比失败更加可怕的是不能面对失败。

强化孩子的抗挫折能力

社会生活中总会遇到各种压力、困难和挫折,有的人能勇敢、乐观地去战胜它,而有的人却显得懦弱、悲观,处处想逃避。

某市四中一个名叫刘洪林的孩子,今年上初中三年级了,小学的时候成绩一直名列前茅,各种课外活动中也少不了他的身影,老师给他的评语从来都是"开朗热情、学习优秀、乐于助人"等。

一切的转折都发生在初中一年级,一个小小的挫折,彻底改变了他。

那是一次全区的辩论赛,刘洪林作为主力辩手参加了最后的决赛,但就是他的结尾陈词说错了一个重要的论据,当时,他被全场同学失望的目光紧紧盯着,就是这些目光,始终让他无法忘怀。后来,时间过去了很久,他依然没有从这件事中走出来,任何可以联系到那场辩论赛的细节都能够让他陷入深深的自责。渐渐地,他封闭自我,直到父母发现他不对劲,去医院检查才知道他已经患上了轻度抑郁症。

对于这个案例,人们进行了大量讨论,认为青少年的种种心理问题,"病"在儿女,"根"在父母。父母的保护过度,使孩子的内心十分脆弱,就像温室的花朵,稍微有点风雨,就无法承受。

现代社会是一个充满竞争的社会,优胜劣汰是必然现象。我们每个人,包括我们的孩子,都会遇到各种压力。比如,考试失利、竞赛失误、没考上心仪的学校,或者是和身边人的小矛盾,都会给孩子造成心理压力。尤其是有一些特别的孩子,比如性格内向、单亲家庭、生理有缺陷的孩子,会面对更多的问题。如果父母不能正确地指导他们,就会造成这些孩子不敢表达自我,无法倾诉,内心郁结不能疏散,久而久之,精神压力越来越大。随着消极情绪长时间停留在孩子心里,孩子内心的积郁不仅不会消散,还会增加,导致一些孩子辍学,甚至会有轻生的想法。

消极情绪会限制孩子的行动和努力,使孩子更容易遭受失败和挫折,进一步的失败和挫折反过来又会加重他的消极情绪,形成一种恶性循环。

有个名叫郭立的孩子,经常考第一名,不管是什么样的考试,他几乎都能拿第一。“第一名”成了他的代名词,因此,大家都称他是“考不倒的第一名”。

可是,郭立真的是考不倒吗?

在小学升初中的考试中,郭立考砸了,没有考上理想的学校。他伤心地哭了,他躺在床上想:“完了,我该怎么办?”

这时候,爸爸对他说:“谁能保证人生道路上永远没有挫折!挫折只是考验,失败更能磨炼人的意志,你要用乐观的心态去面对它,才能战胜挫折和失败。”

听了爸爸的话,他在日记里写了这样一段话:“在生活中,有许多的小失败和小挫折,但是,只要我们能快乐地生活,乐观地面对一切失败和挫折,那我们就是生活的强者。”

郭立从此发奋学习,为自己制定了学习时间表,合理安排好自己的时间:每天5点30起床、跑步、读英语、背课文;放学后,看完笔记后做作业;晚饭后开始复习、预习。这样,他的每科成绩都提高得很快。上到初二时,校长还破例批准他直接升入高中。高中毕业,郭立考取了重点大学。

心理承受力并不是与生俱来的,要经过磨炼才能拥有。如果想要培养孩子的心理承受力,就要让孩子从小开始独立去完成一些事情,放手让他去经历困难,让他明白这个世界还有很多挫折。慢慢地,孩子的心理承受力就会得到锻炼。再遇到困难的时候,他们就会明白要如何面对。

有这样一个孩子,因为生病和医疗条件不足,她很小的时候就无法行走,相貌也变得很丑,甚至有医生说她活不到20岁。在常人看来,她是很可悲的,更别提什么前途。但是,她却坚强地活着,并且考上了英国的一所大学,获得了博士学位。

在一次演讲中,有一个学生贸然地问她:"博士,请问您怎么看自己呢?是否有过对生活不公平的怨恨?"在场的人都为这个学生捏了一把汗,但是这位博士却没有不悦,她十分坦然地回答说:"第一:我爸爸妈妈非常爱我;第二:我的手很美;第三:我非常快乐;第四:我画画得很好;第五:我有一只非常可爱的狗。"

最后,她说:"我只看我所拥有的,不看我所没有的!"

世上不如意事常八九,不幸的人何其多,关键是如何面对不如意的事情。很多时候,不要去追求那些自己没有的,多想想自己拥有什么,就会觉得快乐和满足。

诚然,父母都会希望给孩子最好的,不想让孩子面对艰难困苦,这是可以理解的,但是,对孩子来说,却成了最大的苦难,因为这会使孩子养成娇惯的性格,甚至会导致孩了一生一事无成。所以,做父母,首先要学会放手,让孩子去面对困难,锻炼各方面能力,提高心理承受力,最终走向人生巅峰。

琪琪的妈妈为了让琪琪学会独立生活,经常让他自己解决困难。

有一次,琪琪跌倒了,膝盖上被石头磨破了皮,而妈妈离她只有几步,琪琪将手伸向妈妈的方向,可妈妈却不为所动。她鼓励琪琪说:"宝贝,用手撑一下,自己爬起来。"琪琪刚开始还在哭闹,但是看到妈妈丝毫没有拉自己的意思,自己就爬了起来。从此以后,跌倒的琪琪学会了自己爬起来,就这样,孩子逐渐学会了独立。

当然,培养孩子的过程中,父母要以身作则,为孩子做出榜样。父母的爱和言传身教,永远是孩子的精神财富和力量源泉。如果父母不能够在生活和工作中面对困难、克服困难,那么对于孩子的表率作用将会大大降低。

引导孩子正确看待自身的不完美

人类总爱追求完美，好强也是优点，有时候会促使人努力奋发，有时，却又令人害怕犯错以及自怨自艾。当孩子追求完美的时候，家长应该及时引导，否则就会阻碍孩子的健康成长。

孩子因为年纪小，往往不能正确面对失败，父母一定要及时发现，引导孩子正确看待失败和挫折，加以鼓励，让孩子学会接受各种"不完美"。

有一位伟大的雕塑家，他同时也是一个完美主义者，他做出的雕像都让人难以区分是真人还是雕像。

有一天，死神来敲门了，雕塑家非常害怕，这时，他突然想到，他曾经做过十个自己的雕像。于是，他迅速藏到了雕像之间，屏住呼吸。

死神来到屋子里的时候非常困惑，他看到了十一个一模一样的人，他从来没想到这世界上还有一模一样的人，上帝说过，每个人都是独一无二的。

死神只好无功而返，他回去告诉了上帝这件事，并且问上帝怎么办，上帝微笑地告诉了死神一句话。

带着上帝的秘诀，死神半信半疑地回到了雕塑家的房间，又认真地把雕塑看了一遍，然后自言自语到："这一切真的太完美了，只是我发现了一点瑕疵！"

追求完美的雕塑家立刻忘记了一切，问死神："哪里？哪里有瑕疵？"

死神哈哈大笑："我抓到你了！你无法忘记你自己——这就是瑕疵，天堂都不完美，何况人间。"

是啊，天堂都不完美，我们又怎么能够成为完美的人呢？

小宇从小就是完美主义者，这种情况在他上学之后愈演愈烈，考试拿了99分，他就会好几天闷闷不乐。父母发现这一点之后，努力开导了他一段时间都没什么效果。后来，有朋友开玩笑说："据说完美主义跟星座有关系。"父母以为终于找到了孩子完美主义的根源，只好任由他继续追求完美了。

直到参加了一次父母课堂，小宇的妈妈终于了解到，虽然完美主义是有一些先天因素，但能够调整和改变。

通过学习，妈妈终于找到了原因，根本问题还是在父母身上：小宇的妈妈是医生，所以家里总是一尘不染，他们对小宇的要求也比较严格，比如几点睡觉几点吃饭，东西放在哪里都是井井有条。正是因为父母的言传身教，小宇逐渐变成了追求完美的个性，所以并不是因为星座。

从那之后，小宇的父母开始以身作则，不那么"完美"要求自己，也不那么要求孩子。经过了半年多，小宇的"完美主义"倾向终于逐渐开始改变，让父母非常欣喜。

在我们身边，像小宇这样的孩子并不少见，孩子都害怕犯错，有什么做得不好就会否定自己的能力。如果父母在这个时候不能及时引导和鼓励,就会极大地打击孩子的自信心。

虽然敏感的孩子都不喜欢挫折和失败,但这正是父母要帮助孩子去正确面对的问题。父母要让孩子知道,在人生中,失败和成功是相辅相成的。这样孩子们会有心理准备,遭遇失败的时候也会比较容易保持好心态。

(1)防止孩子出现消极态度,避免连锁反应。

有时候孩子遇到挫折会特别不开心,闷闷不乐,这个时候父母一定不能打击和嘲讽孩子,要安慰和鼓励他。

比如,孩子考试失利了,父母要说:"你已经努力了,这次你语文比上次好很多了,数学失误多了一些,我们好好复习,下次努力。"孩子与同伴发生口角了,父母在敞开怀抱安慰孩子的同时,要告诉他:"再好的朋友也会发生摩擦,你是不是还有很多好朋友啊,爸爸妈妈永远爱你。"有了父母的爱和陪伴,孩子就会转移注意力,学会用积极的态度面对生活,找回勇气和信心。

(2)父母要引导孩子正确看待不完美,从中获取战胜困难的力量。

著名的金融投资家索罗斯把"接受不完美"作为自己人生的哲学理念。索罗斯认为,不完美是人性的一部分,我们在失败和失误面前,不能抱有消极的态度。他说:"对我来说,承认自己的错误是一种骄傲,一旦我们认识到理解上的不足是人类的先天性特征,犯错就没有耻辱可言,耻辱的只是不能纠正错误。"

每次的失败都是一份礼物,总结每次失败的经验和教训,孩子才能成长,为将来的成功打下基础。

(3)父母要教导孩子正确面对外界对自己的评价。

我们都明白，不要太在意别人的评价，每个人都有自己的人生选择和道路，如果过于在意别人的眼神和评价，就会怀疑自己，从而产生失败。

因此，父母也要教会孩子，保持自信，保持宽广的心胸；不要在意别人的眼神，更不要在意别人的评价。相信自己是最好的，相信自己能够成功。

让孩子练就宽容的气度

英国杰出的思想家欧文说："宽宏精神是一切事物中最伟大的。宽容是一种美德，是一种风范，是一种高尚的境界，是一种无私的胸怀。"

南非的传奇人物、黑人总统曼德拉，曾经在46岁的时候被转到南非的秘密监狱——罗本岛关押，他在那里度过了18年的囚徒生涯。后来，他在回忆录中记录了那段时间受到的欺凌和侮辱——"每六个月才能有一次被探视的机会，只能写一封信和收一封信，还要受到严厉的审查，被审查后的信中不允许阅读的段落会被全部涂掉。"他还要在采石场工作，动作稍慢就会被鞭打。

后来，他出狱了，当选为总统时，在就职仪式上，他邀请了曾经欺辱他的三名狱警出席典礼。当被别人问道时，他说："如果不能忘记过去的孤苦与不公而怀恨在心，我将仍然在牢狱之中。"

　　宽容是为人处世的准则，一个常常与人为善、宽容待人、能主动帮助别人的人，大概率会讨人喜欢、被人接纳、受人尊重；而一个经常对周围的人戒备森严、处处提防，同时又心胸狭窄、不能宽大为怀的人，通常会因孤独而陷入痛苦之中。所以说，能够宽厚待人，容忍别人缺点的人，才能收服人心，成就人格魅力。

　　宽容是宝贵的品德和智慧，学会了宽容的孩子，就掌握了跟所有人交往的能力。但遗憾的是，现在的孩子多数是独生子女，因为父母过于溺爱，他们总是以自我为中心，很少顾及他人的感受，对别人给自己带来的一点伤害总是耿耿于怀。比如在和小伙伴的交往过程中，往往容不下对方的小小过错。这种缺乏宽容的态度，使得他们很难与小伙伴形成良好的关系，甚至可能会被孤立。所以，父母一定要从小培养孩子宽容的品质，使孩子成为一个能够宽容待人的人。

　　孩子能够拥有宽容心是非常难得的，它主要表现为对别人过错的容忍度。有很多家长以为小孩子忘性大，昨天吵架了今天就好了，因此在孩子出现类似嫉妒、报复心态时，没有及时纠正，这是很不对的。

　　有一个叫雷果的小女孩，在放学的时候忽然发现自己的钢笔不见了。"咦！我的钢笔呢？"这可是她最珍贵的派克钢笔呀！这是去年在德国留学的舅舅送她的生日礼物。雷果按捺不住心中的着急，开始了"地毯式搜索"。她左看看，右瞧瞧，好一会儿，她才发现钢笔竟躺在高峰的文具盒中。

雷果马上想起了昨天高峰向她借她钢笔的情景。当时雷果本不想借,碍于面子借给了高峰。一下课雷果就去找她要了回来,当时高峰拿着这支钢笔舍不得还,非要再写几个字,还一边说着:"雷果,你的钢笔太好用了!"雷果拿走了钢笔,高峰还不由自主地说:"要是我也有这支笔该多好啊!"

雷果感到心中一股热气噌的一下子冲到头顶:一定是想偷我的钢笔!她指着高峰大声喊起来:"高峰!你怎么可以这样啊!见到别人的东西好就想偷!"

没想到高峰一下子也火了,他冲着雷果毫不示弱地吼道:"你别血口喷人!就你那破笔,你以为谁稀罕啊!"

后来,班长小松走来,看见雷果手里的钢笔,赶紧对雷果说:"我见昨天高峰用这支笔来着,今天在地上捡到还以为是他的,就给他放在文具盒里了。"

雷果觉得很不好意思,但碍于面子也没说什么。不料高峰从此就开始恨雷果,那以后"报复"的花样层出不穷,包括上课起立的时候,抽掉她的凳子,下课趁她不在的时候,在她的书本上涂鸦,甚至在课间遇到了她,堵在楼梯上用各种恶毒的语言咒骂她。

雷果只好哭着去找老师,老师找到了高峰的家长,才知道,当时高峰回家后就把这件事情和父母说了,并发誓说"一定要报复雷果对自己的冤枉",但父母以为只是小孩子之间的一些不愉快,也没放在心上。

听了老师的讲述后,高峰的父母也很吃惊,自己的孩子小小年纪居然这么"记仇"!同时,他们也后悔,没有第一时间给孩子做心理上的辅导和纠正。

宽容心对于孩子个性的健康发展，尤其是情感方面的健康发展，以及对于孩子建立属于自己的良好人际关系有着非常重要的意义。富有宽容心的孩子往往心地善良、性情温和、惹人喜爱；而缺乏宽容心的孩子却往往性情古怪、不易亲近，因而往往处理不好人际关系。因此，家长教会孩子学习宽容就显得尤为重要，这不仅是为孩子能够拥有良好的人际关系，更是为孩子将来的美好人生奠定基础。

宽广的胸怀并不是生来就有的，大部分要靠后天的培养。尤其是要从生活中、学习中加以注意，抓住值得教育的细节，不断对孩子进行严于律己、宽以待人等品质进行引导和教育，逐渐把宽容的理念融入他们的品格之中。

教孩子学会控制愤怒

能否控制情绪和控制行为的能力是衡量一个人心理健康的重要性。同样，控制愤怒是其中的难点，合理控制愤怒以及愤怒情绪下的行为就显得尤为重要。

1965年9月7日，世界台球冠军争夺赛在纽约举行。路易斯·福克思的得分遥遥领先，只要再得几分就能稳拿冠军。就在这时，他发现一只苍蝇落在主球上，他挥挥手把它赶走了。可是，他伏身击球时苍蝇又飞回来了，他起身驱赶，但苍蝇好像在跟他作对，他一回身，苍蝇就落在主球上，周围的观众发现了这个现象，开始哈哈大笑。

他的情绪恶劣到了极点，终于失去了理智，愤怒地用球杆去击打苍蝇，结果碰到了主球，裁判判他击到了球，于是他失去了一轮机会。他因此方寸大乱，连连失利，而对手约翰·迪瑞越战越勇，最后获得了冠军。

第二天，路易斯的尸体在河里被发现了，他自杀了。

因为不能及时控制情绪和行为，和一只苍蝇斗气，路易斯先丢了冠军又丢了生命，这真是太不值得了。

美国的一位著名心理学家丹尼尔·戈尔曼说："一个人想要在社会上获得成功，最主要的决定因素不是智力，而是情绪。智力因素只占20%，而情绪因素占了80%。"一个人的成败深受情绪影响，所以，只有让孩子具备积极的情绪，他们才能愉快学习和生活，乃至于能够为社会做贡献，以及自我成长。

宏明是一名大三的学生，儿时的记忆大都模糊不清，但9岁那年发生的一件事，却使他记忆犹新。

那一年的一个周末，他和朋友约好去郊外远足，但父母却说什么也不同意他去。宏明感到十分愤怒，他跑回自己的房间，捏紧拳头在墙壁上猛击。他一面哭一面打，双拳血肉模糊，他都没感受到痛，任何人劝说，他都听不下去。最后，他的父亲气得打了他一顿。

后来，母亲一声不吭地进来给他涂药，并包扎好，但是，母亲始终没有说一句安慰的话。于是，悲愤的宏明趴在床上大哭了半个多小时。直到他心态平和后,母亲才进来对他说:"能控制自己情绪的人就能掌握自己的命运。发怒本身是一种自我伤害,对事情的解决是没有用处的,你需要好好地控制住自己的坏情绪。"

就这样,母亲对他说的话深深地印在了宏明的心中。虽然现在他已经成年了,也懂得了许多道理,但只要一回想起那时的事情,他就觉得母亲那次对自己的谈话是这一辈子最值得珍惜的谈话。

情绪控制是一个人必须掌握的能力,情绪控制不好会影响孩子的注意力、人际交往、适应力和性格,最终影响孩子的生活质量。有研究表明,在儿童时期的情绪调节能力和情绪控制能力,对他们以后生活能否成功、是否快乐都有很大的影响。

教孩子学会管理自己的情绪是一件非常重要的事情,学会控制自己情绪的孩子心理将会更加健康,也容易养成开朗自信的个性,容易和人和谐相处。所以,家长要教会孩子如何管理自己的情绪,使孩子能够独立地生活,健康地成长。

其实,控制情绪是有技巧的。

(1)任何时候都要从容不迫。

我们经常会遇到令人愤怒的事情,若是此时还能保持从容不迫、顺应自然的态度,那么,大部分的事情都能应付自如。

纵观历史上的伟大人物,他们面对突发事件时,都能保持镇定,因为他们懂得:慌乱会导致自己无法正确地思考。因此,我们常常看到举足轻重的人物在关键时刻大喊:"慌什么?"这一半是对别人说的,一半则是自我暗示。

(2)能够从容面对误会。

当我们面对误会的时候,不用着急立即与对方据理力争,要学会听对方把话说完,再指出误会所在。即使被误会,也不要立刻气急败坏地找对方争吵,要从容不迫地面对误会,并找出有分歧的地方。

(3)及时寻找原因。

当你感受到情绪上的波动时,要第一时间冷静下来并寻找原因。

(4)亲近大自然。

美国的一名著名歌手说:"每当我心情不好时,我便去花园里,除草或是照顾植物,在与大自然的接触中,我的很多情绪会烟消云散。"或许有时候在窗外看一下花草树木,会对稳定情绪有帮助。大自然总是能够让人心情愉快。

第二章

善于鼓励，
让孩子保持良好的心境

对孩子的行为进行适度的赞美和赞赏，能让孩子保持一种好的心境和状态。未成年的孩子对自己的看法完全取决于周围人的评价，特别是父母的评价，哪怕是一句话，或者是一个眼神，都会对孩子产生终生的影响。

不要吝啬对孩子的赞赏

在孩子成长的过程里,最重要的是要培养自信心,自信心可以帮助孩子克服种种困难,拥有积极的态度,从而获得快乐的人生。父母万万不能做的事情,就是打击孩子的自信心,"你怎么这么笨?""你什么都不懂!"之类的话是不能说的。

妈妈每次带妮妮去奶奶家,妮妮就特别兴奋,她会以极快的速度收拾好一切,坐在车上等着妈妈。可是只要得知妈妈要带她去外婆家,妮妮的情绪就一落千丈。

原来在奶奶家和外婆家,妮妮遇到的情景完全不同。

妮妮每次在奶奶家,都会得到奶奶的表扬,奶奶总是说:"这么好的小孩子真是少见,小小年纪就已经很懂礼貌了,每次吃东西的时候,她都知道分给爷爷奶奶。"

可是,妮妮到了外婆家却是另一番景象。

一进门外婆就开始唠叨:"哪有你这样淘气的小女孩啊!男孩子捣蛋还可以理解,女孩子还整天搞恶作剧!"

这是什么原因呢?

奶奶总是夸妮妮,于是,听到表扬的孩子就会按照表扬的那些内容努力做事,所以越夸越好,因此在奶奶家,妮妮就是好孩子;而到了外婆家,却总是被训斥,妮妮就会故意向着外婆训斥的那些方向上发展,所以越骂越糟,因此在外婆家,妮妮就成了坏孩子。

正如一位教育家所说:"孩子就是如此,你认为他是什么样的人,他就会成为什么样的人。"你对孩子的评价是正面的,孩子就会朝正面去努力,你对孩子的评价是负面的,那么,孩子就会朝负面去发展。所以,教育界才提出赏识教育的理念。

作为父母,多多赞赏你的孩子,他就会按照你心目中的形象和标准来要求自己。多向孩子竖起大拇指,多向孩子的头脑中灌输他是好孩子,他是最棒的,那么他必然就按照你对他的这个评价来规范自己的言行。所以,请你多对孩子说一些鼓励赞赏的话。比如"宝贝真乖!""干得真好!""做得漂亮!""你是最棒的!"等等,对于别人的孩子,也要用同样的语言去赞美他们。

李芳是三年级的班主任。

开学第一天,他们班转来一名女学生,同学们都喜欢叫她的小名萍萍。刚到班上的时候,由于萍萍的基础比较差,所以经常会说:"老师,我不会。"刚开始的时候,李芳都觉得很正常。可是,几次下来,李芳发现萍萍已经把这句话当成了每节课必说的借口,而且越来越频繁。

李芳开始有意无意地观察她。对于一个刚开始学习画画的小女孩来说,萍萍已经画得相当不错了,可她每次都会对老师说:"我不会。"李芳很纳闷。

不久后的一天,李芳找到了其中的原因。

李芳通过和萍萍聊天得知,她的妈妈从来都不表扬她,从来都不会将她的画贴在家里的墙壁上。几天之后,当萍萍妈来接女儿回家的时候,李芳找了个机会跟她聊了聊。

李芳:"您觉得萍萍现在画得好吗?"

萍萍妈:"不好。"

李芳:"那么,您是因为觉得她画得不好,才让她继续画下去吗?"

萍萍妈:"我觉得她比以前画得好了,所以才让她画下去。"

李芳:"您将这个原因告诉萍萍了吗?"

萍萍妈:"没有。告诉她,她会骄傲的!"

李芳:"其实,我觉得适当的鼓励鼓励孩子是必要的。萍萍在绘画方面很有天赋,从她的年龄来看,已经画得很不错了。"

萍萍妈:"还行吧。"

李芳:"萍萍的进步很大,我经常会在课上表扬她,但她好像更需要您的肯定。"

萍萍妈:"好吧,我回去试试!"

李芳:"希望我们的配合能让萍萍的进步更大,我相信会的。"

萍萍妈:"好的。"

果不其然,在这之后,萍萍的情绪比以前好了很多。萍萍的进步很大,下笔也慢慢熟练起来。李芳还会一如既往地表扬她,时常会对她翘起大拇指。

过了几天,萍萍跟老师说:"那张画已经被妈妈贴在了家里的显眼处,家里的亲戚都看到了,我很高兴。"

对待成长中的孩子,要学会发现他们的特长和成功之处,并给予充分的肯定。萍萍并非个例,在现实生活中,相似的情况一定有很多。作为父母,在面对孩子的时候,千万不要吝啬我们的表扬，只有让孩子学得更开心、更有自信，他们的学习才会事半功倍！

不管是谁，不管多大年纪，都希望听到别人的赞赏。即使是成年人，也是希望得到别人赞赏的，何况是尚未成年的孩子？所以，当孩子正确地回答了你的问题，或者提出了一个好的创意时，你都要用愉悦人心的语气对他给予真诚的赞赏。

不管是在生活中，还是在学习中，很多家长都喜欢拿自己的孩子和别人的孩子进行比较，而且，还经常会在别人的面前数落自己的孩子："你看看人家某某，成绩多好。""你怎么总赶不上某某。""你要是有某某的一半就好了。"

事实上，孩子都非常希望能够得到父母的肯定和赞赏，所以父母千万不要吝惜对孩子的表扬，尤其是年龄小的孩子们。很多父母常常会用看待成年人的眼光去面对孩子，认为这些没有什么大不了的，但是父母并没有想过，对于孩子来说，任何一点微小的进步，他们可都是付出了很大的努力。

任何的成就都是以"简单"的行为作为开端，因此，只要有助于培养孩子的习惯，有助于增强自信心的行为，父母都要多多坚持，越小的孩子，越要多鼓励他们，相信你的付出会有惊喜的收获。

记住孩子那些"特别时刻"

每个孩子都有自己的闪光点，每个孩子都有自己的优势和劣势，父母要有一双慧眼，善于发现孩子的优点，记住孩子的那些"特别时刻"。

星期五的下午，幼儿园举办了亲子乐园活动，要求家长一起参加。为了记录下孩子的美好瞬间，有的父母还带了相机。

在活动开始时，婷婷、安琪、小宇等几个小朋友经过商量，要建一个动物园，经过分工之后，组长婷婷负责给小朋友们分配任务。

安琪和小宇一组，负责搭建熊猫馆。他们两个人一边商量，一边开始搭建。小宇则负责运送材料，他们一边搭建一边商量着"熊猫馆的门要留得大一些""要不要给熊猫多建几个窝啊"。就在这时，小宇一不小心碰倒了熊猫馆，前功尽弃。

安琪立刻大叫起来："你怎么这么笨呀，我不要和你一组了。"小宇听了之后，垂头丧气地穿上鞋子，眼含泪水地走到老师身边，问："老师，我真的很笨吗？"

老师立刻向他伸出大拇指，说："你才不笨呢，你刚才说的都非常棒，而且运材料是很辛苦的，你一直在认真工作，一看就是一个真正的小男子汉。如果你能够再小心一点，就更好了。"

听了老师的话，小宇的脸上又露出了自信的笑容。安琪红着脸说:"小宇,刚才是我不好,我们重新搭吧!"小宇充满信心地点点头。

一直在场外观察着的小宇妈妈,并没有在儿子与同伴出现矛盾时挺身而出,而是在场外,拿起相机为小宇记录下了这一过程。看到儿子搬积木,她拍了几张;看到小宇在给同伴提建议,她拍几张;看到儿子将人家的房子碰倒了,她也拍了下来……

三天之后,当妈妈将这些照片递给儿子的时候,小宇非常开心。

孩子在成长的过程中,难免会遇到各式各样的难题,他会感到彷徨、无助,作为父母,你要鼓励孩子,让他在赞美声中获得自我肯定,这些时候,都是应该让孩子记住的最佳时期。

父母的一句鼓励,会让孩子获得无穷的力量和勇气;父母的一句赞美也会让孩子体验到成功的喜悦。作为父母,更应该记住孩子的闪光点!

父母需要学会从多个角度发现孩子的闪光点,用由衷的喜悦感染、打动孩子,使其保持健康积极的心理状态。

(1)用相机拍下孩子的良好行为。

用相机将孩子的良好行为拍下来,会对孩子起到一定的鼓励作用。

7岁的果果是小区里有名的"环保小卫士"。可是最近,妈妈发现,果果没有以往积极了,经过了解才知道,因为最近爸爸妈妈没有像以前那样积极对她的优秀行为进行表扬。果果拿回"环保小卫士"的奖状时,他们只是随意看了一眼,就束之高阁。果果的积极性受到了打击,慢慢失去了兴趣。

妈妈发现了果果的变化，为了鼓励女儿，果果妈妈决定用相机将女儿的良好行为拍下来。从那以后，看到女儿扫地，就拍一张；看到女儿把路边的垃圾捡起，就拍一张；看到女儿帮助了老人，也拍一张……在这些相片的鼓励下，果果的积极性又提高了。

孩子的内心是很单纯的，他们期待得到父母的鼓励和肯定，积极的正面肯定，才能使孩子感受到父母发自内心的爱和喜悦，给孩子带来愉快的心理感受，促使他努力做得更加完美。用相机将孩子的闪光时刻拍下来，可以对孩子起到积极的鼓励作用。

(2)用录音，全面肯定、赏识孩子小小的优点。

每个孩子都会有积极的方面，父母如果能细心捕捉孩子点滴的进步，及时加以鼓励，孩子就能不知不觉改掉不良习惯。

冬冬是个调皮的小朋友，经常做一些无伤大雅的恶作剧，但同时，他也会主动做一些好事。

父母看到冬冬帮助别的小朋友的时候，总是会非常惊喜地表扬他："冬冬好有爱心啊，这么小就懂事，长大了一定会了不起。"

有时候别人表扬冬冬，父母就会把别人表扬他的话语录下来，回家也播放给冬冬听。在父母的赞扬声中，冬冬一天天懂事了，不再沉湎于捉弄别人带来的小乐趣，而把精力转移到帮助别人上。

父母发自内心的赞扬是引导孩子一步步走向真、善、美的动力。如果父母总是盯着孩子的缺点，久而久之，会更加焦虑，对孩子的教育缺乏耐心,因此会导致孩子往消极的方向发展。父母可以利用录音机,将孩子的闪光点保留下来。

(3)赏识孩子的与众不同。

毛毛最好的朋友是家里的小狗,因为毛毛性格有些内向,经常会被小朋友冷落。她一有空就给家里的小狗洗澡、梳理皮毛,还把学习和生活中发生的事编成故事说给它听。

父母担心孩子的社交能力,但光着急也没有用。一次偶然的机会,妈妈发现毛毛有时候还会画小狗,于是,把毛毛画的故事投到了儿童杂志,竟然有几篇发表了。这让毛毛感到了成功与快乐。

小朋友们听说了这件事,有的到家里来看毛毛的小狗,有的要求毛毛讲故事给他们听。渐渐地,毛毛的性格逐渐变得开朗起来。

发现孩子的问题后,父母首先要反省自己的教育方式,发现教育过程中的缺失;其次要寻找孩子特殊性格中的积极因素,因势利导,帮助孩子一步步走出狭隘的天地,在人际交往和社会生活中找到更多的乐趣,成为一个优秀的孩子。

肯定孩子的努力，即使他没达到父母的要求

现在好多孩子进了社会以后，不仅不会做饭、洗衣服，甚至连一些简单的小事都不会做，这与家长平时不给孩子肯定是有直接关系的。

同样家庭环境的孩子，有的会做饭，有的不会，原因在哪里？

会做饭的孩子回答说："上小学的时候，爸爸妈妈经常出差，有一次，我学着炒了几个鸡蛋，爸爸妈妈说很好吃。妈妈还告诉我说，如果能够在鸡蛋里稍微加点盐就更好了。有了父母的肯定以后，我的胆子变大了许多，我还学会了炒饭、炖汤等等。"

另外一个不会做饭的孩子说："我才不愿意做饭，因为有一次回家早，就去煮了一碗面，我妈一进门，就骂了我一顿，说：'你这孩子！万一烫着怎么办，煤气泄漏怎么办，你应该等妈妈回来做给你吃。'"

孩子想学做饭，家长就应该给予肯定，而采访中的第二位家长却埋怨孩子，不肯定孩子，让孩子认为做饭是大人的事情，自己不应该做饭，在这种认识的支配下，以后孩子就不愿意做饭了。

肯定孩子也要讲究方式方法，要恰如其分地告诉孩子什么地方对，什么地方不对，如何改正，以此来提高孩子独自解决问题的

能力。

孩子能够独立面对生活学习中的问题,无论结果多么糟糕,父母都不要急于否定,应该循循善诱,指导孩子把事情做好,无论结果如何,都要多加肯定。

父母面对孩子时,不能居高临下,以免把孩子吓住,使孩子丧失自信。有些不自信的孩子经常会怀疑自己的行为,本来是件简单的事,心里却一直怀疑自己:"我这么做是对的吗?我得问问爸爸妈妈。"这是孩子没有自信心的表现,这也和平时父母不给孩子肯定有直接的关系。父母要认真思考这个问题,究竟应该怎么给孩子肯定?

父母总会给孩子提出一些要求,可是,经过努力,当孩子没有达到父母的要求时,我们该怎么办?

为人父母者首先要学会肯定孩子,积极肯定孩子的努力结果。千万不能讽刺挖苦,甚至用体罚等方式来刺激孩子,那样很容易伤害孩子,让他失去自信。

西西现在上幼儿园中班,他生性好动,经常招惹这个,碰撞那个,因此,小朋友们便给他起了一个绰号"惹祸精"。

西西的爸爸妈妈常常能收到来自于老师和其他小朋友家长的投诉,比如"你的孩子今天拿了某某的东西不还!""你的孩子今天把我孩子的手打破了!""你的孩子今天拽我女儿的头发!"等等。

刚开始的时候,妈妈还比较有耐心,但是,当这样的投诉越来越多的时候,妈妈有点沉不住气了。她便跟孩子约法三章:"不打人、不骂人、不欺负人。"

西西接受了这样的约定,在行为上也就有了收敛,可是,好景不长，这一天，妈妈又接到老师的电话："西西把一个小朋友的胳膊划破了，请你尽快赶到人民医院。"

从医院回来，西西看到妈妈很生气，主动道歉说："对不起，妈妈，是我不小心。"

"你怎么天天都不小心，别人怎么不打架？"西西妈非常生气。

西西哭着说："妈妈，我真是不小心，我在玩笔，不小心戳到了他，我不是故意的！"妈妈想，事情已经发生了，至少听听孩子怎么说。于是耐心地听西西讲完经过。妈妈对西西说："虽然你在行为上，已经有了很大的进步，这是值得肯定的。可是，你还要多加小心，千万不要因为自己的无心，伤害到自己的朋友。"看到妈妈理解了自己，西西改正错误的决心更大了。

在孩子的成长过程中，会遇到各种各样的问题，但其实，孩子们最困扰的是人际交往方面的问题。很多孩子不知道如何与人交往，不知道如何表达自己的交往意愿，有了矛盾也不知道如何去解决，因而在与人交往的过程中，会出现很多与他人的冲突。

父母可以和孩子"约法三章"，不过，当孩子经过自己的努力取得了进步时，即使还没有达到我们的要求，也应该给孩子以鼓励。

陈女士的儿子很喜欢玩水，总是把衣服弄湿，陈女士苦恼之下，便积极鼓励他去学游泳，陈女士经常赞美儿子游泳有很大的进步，儿子的游泳课上得非常开心。

两个月之后，儿子回来说要参加银牌考试，因为跟他一起游泳的小伙伴都报了名。看着报名表格，陈女士有点儿迟疑，她觉得儿子刚学不久，考过的可能性不大，可看见儿子满脸兴奋的表情，又不忍心拒绝他。

结果，儿子居然顺利通过了考试。陈女士完全没想到，这是一个意外的惊喜。

兴趣是孩子最好的老师。它不仅可以充分地调动起孩子自我学习的潜能，还可以让孩子学会坚持。当儿子做出了成绩的时候，陈女士给予了积极的肯定。这是对儿子努力的一种肯定、相信，也会使孩子对自己充满信心。

父母对孩子付出的努力要看在眼里，挂在嘴上。

奖赏也是一种对人行为的肯定，它会对受奖赏人的行为起到一定的强化作用。但是，如果奖赏不够及时，受奖赏者就会出现反应消退的迹象。

一天晚上，小鸣在家里闷闷不乐，妈妈看见后，便问他发生了什么事。

开始的时候，小鸣不肯说，在妈妈的耐心引导下，小鸣才说："班主任说过，谁为班里做出了贡献，就可以获得奖励。我和几个同学上星期为班里出黑板报，忙了好几天，班主任却什么表示都没有。"

小鸣妈妈想了想，认为小学三年级的孩子对表扬与否表现出计较是可以理解的，这毕竟是一种追求上进的表现。

于是，小鸣妈妈就这事与班主任进行了沟通。第二天，班主任就采取了补救措施，主动为小鸣等几位同学补发了奖励——小星星。

可是，小鸣晚上回到家之后，却对妈妈说："今天，班主任奖了我们几个出黑板报的同学小星星了,不过,我才不稀罕呢!"

小鸣对班主任是否奖励小星星的前后反应,是一种典型的延迟奖赏效应。如果小鸣的班主任当初能及时地将奖励兑现,对小鸣等几位同学的鼓励将是非常大的。虽然说后来班主任采取了补救措施,但小鸣对奖小星星的期望已经大大降低了,甚至还产生了抵触情绪。

由此可见,对孩子承诺下的奖励,一定要及时,不要打击孩子的积极性,因为一旦让孩子失望了,再试图去弥补,就收效甚微了。

正面评价孩子,并让他"无意"中听到

孩子很小的时候起,就会收到各种各样的评价,父母会对他的脾性、行为、习惯甚至相貌等等做出种种评价,可以说,孩子是在父母的评价声中长大的。其实,不管是正面的评价,或是负面的评价,都会对孩子的心理造成影响,有的甚至可能妨碍孩子的人格发展。

评价分为积极评价和消极评价,积极评价对孩子的成长起正面作用,消极评价对孩子的成长起负面作用。父母对孩子的成长应多给一些积极正面的评价,可以让孩子享受到心理阳光的照耀。

心理学家曾经做过一个调查:"孩子最怕什么?"研究结果表

明，孩子不是怕苦，也不是怕物质生活条件差，而是怕丢面子、失面子。

有一个教育家讲了自己的故事，他的母亲是俄罗斯人，不懂英语，每次他把作业拿回来让母亲看，母亲都说"棒极了！"然后挂在客厅的墙壁上。

客人来了，她总要很自豪地炫耀："瞧，我儿子写得多棒！"其实，他的作业写得并不好，可客人见主人这么说，便连连点头附和："不错，不错，真是不错！"

他受到鼓励，心想："我一定要写得更好！"于是，他的作业一天比一天写得好，学习成绩一天比一天提高，后来，终于成为一名优秀学生。

我国著名的教育家、赏识教育的创始人周弘先生认为：赏识教育能使一位先天失聪的孩子成为一名对社会有用的人才。

这就是爱的力量，爱能给人勇气，给人信心。你为他喝彩，他会给你一个又一个惊喜，你说他不如别人，他会真的不如别人，大人就是这样用语言来塑造孩子的。

有一个小女孩叫兰兰，她三四岁时，妈妈总对她说："兰兰真懂礼貌，来客人还会给人家倒水呢！"妈妈越这么讲，女儿越发懂事，一来人就热情地招待客人。

一个大热天，一位老爷爷来家里串门。兰兰见了，立刻找来一个大芭蕉扇给爷爷。老爷爷高兴极了，摸着孩子的头说："这孩子可真懂事，这么小就会照顾人！"

情绪化的孩子怎么教

同样,有的孩子在客人来的时候帮忙招待别人,却得到父母不耐烦的语言攻击:"大人说话你凑什么热闹?""别找机会出来玩!"这样长大的孩子会性格孤僻、不合群,不愿意与人交往。

有的父母认为孩子还小,很多话未必听得懂,但事实上,孩子的理解能力远远超过他的表达能力。甚至,即使孩子听不懂的话,也能从声调、表情中理解一二。

私下里,父母都很爱自己的孩子,但是,在公众场合中,往往会在不自觉中谈及子女的缺点,不是说孩子懒惰,就是说孩子散漫。如果父母经常这么说,就会给孩子一种心理暗示,他们会只接受你的评价,而不积极地改善自己,最后变"预言"为事实。总之,负面评价比正面评价对孩子的影响更大,而让孩子在无意中听到你对他的正面评价,效果会更好。

故意轻视、贬低孩子的能力,对孩子来说,就是一种"精神惩罚"。有的父母为了防止孩子产生骄傲情绪,经常会贬低孩子的进步,即使孩子有了进步,他们也会盲目地拿别的孩子的长处和自己孩子的短处相比。

一味地责骂训斥、讽刺挖苦,不但会使孩子看不到自己的长处,而且还容易让他在很小的时候就萌生自卑意识,所以,家长一定要少对孩子说消极词语。

6岁的小明活泼、聪明,英语很好,还会画画,在幼儿园里经常得到老师的表扬。可是小明却经常被爸爸批评。有一次,小明拿着画画三等奖的奖状兴冲冲地跑回家拿给爸爸看时,爸爸随便看了一眼,说:"哦,三等奖。"小明有点难过,就去了洗手间。

当时，姑姑正好来家里玩，姑姑说："你怎么不表扬一下孩子？"

爸爸说："得个三等奖，就要表扬，太不像话了吧！不就是第三名吗？给我得个第一名看看！"

洗手间中的儿子，听到了姑姑和爸爸的对话，心里难过极了。

一个从小就自尊心受挫折的孩子，会出现很多心理障碍，比如自我否定、焦虑等，长大后也难以适应社会。

在日常生活中，爸爸妈妈要避免自己对孩子的消极评价，应该注意以下几个问题：

(1)父母不要在大庭广众下训斥孩子，要多采取一些正面引导的方法，以理服人。

(2)当孩子犯了错，不要不分青红皂白就训斥和责怪，要先弄清楚孩子的动机和想法，再加以引导，帮助孩子找出其中的问题所在。

(3)父母在教育孩子时，要就事论事，不要翻旧账，唠叨个不停，使孩子灰心丧气，以致自暴自弃。

(4)在对孩子的要求上不要过分严格。在过分严格的背景下长大的孩子，往往缺乏自尊心，过分依赖父母。应循循善诱，让孩子自己克服缺点。

(5)当孩子需要肯定时，哪怕是微小的进步，家长也应该及时给予表扬和肯定。

物质奖励不如精神激励

如果去动物园或海洋馆参观，许多人都会去看动物表演。比如，海豚表演，当海豚按照驯养员的要求做好一个动作之后，驯养员都会从随身的小桶里摸出食物给它，以示奖励。

有些父母也把这个方法运用到激励孩子的学习上。只要孩子考试成绩好就给予物质奖励，并且经常对孩子说："如果你……我就给你买……"

有位母亲给小学四年级的儿子制定了一个详细的奖励制度：平时小考，90分以上，奖励10元钱；若是大考能进前10名，就奖励50元钱；若是能考到前5名，就奖励100元钱。

刚开始，这个制度对孩子有很强的吸引力，孩子学习也努力了，考试成绩也有了进步，母亲也兑现了奖励。但时间一长，母亲就发现儿子学习的热情没有了，还出现了厌学的情绪。母亲只得加大"筹码"，但仍然未见什么成效，她一下子犯了愁。

其实，许多父母都会有这位母亲这样的经历，对于孩子的学习动辄就给金钱、物质奖励，开始的确很奏效，但慢慢地就会出现不尽如人意的结果。于是，父母就会像案例中的这位母亲一样陷入苦恼之中。

美国心理学家爱德华·德西研究发现："一个人进行一项愉快活动的时候，如果对他提供外部的物质奖励，反而有可能减少他对这项活动的兴趣。"

德西曾经做过一个有关智力测试的实验。

学生们被分成了两组，分别回答一些智力测试题，其中一组学生每答对一道题就奖励1美元，另一组则不奖励。

在两组学生休息的时间里，德西发现，有奖励组的学生只在活动的时候才努力思考；而无奖励组的学生却热衷于去寻找解答，并且对解题的过程非常关心。也就是说，有奖励组的学生对这些智力题的兴趣在减少，而无奖励刺激的学生却依然兴趣浓厚。

德西认为："奖励刺激容易引发人的外部动机，其特点是持续时间比较短；而与之相反的内部动机则是对所从事事情本身的兴趣，它的持续时间会很长。"

由此可见，物质奖励之于兴趣发展并没有起到什么作用。用金钱或物质去刺激孩子学习，是不可能激发孩子的学习兴趣的，相反，还有可能让孩子失去学习的真正目的和意义。

尤其是当孩子本身对学习有一定兴趣的时候，父母的物质奖励还有可能会弄巧成拙，使孩子盲目追逐金钱，学习主动性降低，并逐渐失去学习的热情。

那么，不用物质奖励，父母又该用什么样的奖励来激励孩子爱上学习呢？

首先，家长要搞清楚孩子为什么不爱学习。

单纯奖励，很像治病的时候只治标不治本，孩子究竟为什么不爱学习呢？他是真的只单纯地需要有人刺激他一下他才会努力呢，还是说他其实是在学习上有问题需要解决呢？父母不问原因，只是用物质奖励来激发孩子学习的做法，并没有对症下药，当然也不会产生好效果。

所以，当看到孩子学习成绩不好或开始下降的时候，父母首先要搞清楚孩子的学习究竟出了怎样的问题，是分心了，还是没有认真听课，或者是他对知识的理解有偏差。在找到问题根源之后，父母应该帮助孩子解决问题。一旦孩子想通了，即使父母没有奖励，他也能自觉地努力学习。

那如果孩子取得了好成绩，要怎么办呢？父母应当适当地给孩子一些精神奖励。比如，当孩子获奖，父母的真心夸奖将会使他产生荣誉感，从而更加努力学习；对于低年级的孩子来说，还可以为他准备小红花，或是微笑、拥抱、亲吻，或是对他的成就竖起大拇指；若是孩子一段时间都表现得很好，父母就可以说："我们给你准备了特别的奖励，以表扬你的良好表现。"然后，就可以带他去看电影、带他吃好吃的，或者去游乐场玩一天以及旅游放松身心，等等。

父母的这些精神鼓励，都会让孩子感觉好好学习是一件好事情，取得好成绩也是一件好事情，他就会继续努力学习。

适可而止,不要让表扬太廉价

适当的夸奖对幼小的孩子更为重要,父母看似简单的话语,对于孩子来说,是光明、温暖和成长的希望。但我们也应该了解夸奖作为教育孩子的一种方式, 在父母的广泛运用中存在的一些不当的问题,并且造成了越来越多的不良后果。

王女士对小学三年级的女儿就是这样不断进行表扬的: 在家里,无论女儿做了什么事情,哪怕只是一些微不足道的小事,王女士也要及时地大加表扬一番;王女士甚至要求父亲和女儿下棋、玩扑克或者做游戏时,都要故意输给她,然后她不停地给予热情的赞扬:“妞妞真棒”“妞妞真聪明”等等。当然,在王女士的不断表扬下,女儿的表现也着实进步了不少。

但是女儿渐渐长大,王女士发现,如果父母不及时表扬女儿,女儿就会非常不高兴,甚至发脾气。更加令人担忧的是,习惯了表扬的女儿,根本无法接受任何一点点批评。有时候,当女儿在学习上或者是在生活中有做得不好的地方,王女士耐心地提醒她,也会惹得她不乐意。后来,听老师说,女儿在学校里也是如此。明明是她粗心做错了题,老师点名提醒她,她的反应异乎寻常的激烈,有时候甚至还会哭鼻子。

事实上,表扬的目的在于激励孩子往更好的方向发展。但是过分表扬孩子,就会使孩子形成过分的依赖,而对批评,哪怕是善意的批评也会产生无原则的抵触心理。这样的孩子往往缺少自我意识,他们做任何事都是为了得到表扬,否则就不做。

德国教育家卡尔·威特说:"我们不能让孩子在负面的环境中成长,但是也不能让他们一直泡在赞美里。"过分的表扬,会带给孩子不必要的压力,形成孩子的焦虑心理。所以,父母要适可而止。

所以,这就要求父母对孩子的举动留心观察,更要设身处地地考虑孩子的感情需要,学会适度地表扬孩子。其实学会适度表扬孩子并不难,关键是父母能不能认识到它的重要性。不过,表扬孩子也是一门艺术,确实不是一件易事。

艾琳拿着刚画好的画兴冲冲找妈妈。艾琳妈妈表扬她说:"真漂亮!你画得好极了。"

这样的夸奖好像没什么错。但是认真推敲,却有不妥,如果你总是这样说,久而久之,孩子会不再相信你的评价,或者认为画画是很简单的事情,一旦遇到批评,反倒会对自己的能力产生怀疑。

泛泛的表扬虽然能暂时满足孩子,但并不能让孩子明白事理。时间长了,还容易让孩子养成骄傲、听不得批评的坏习惯。

那要怎么表扬呢?其实也很简单,举个例子说,看到孩子的画,可以这样说:"你一定认真想过,才画出了这么美的颜色和线条。快告诉妈妈,为什么金鱼是红色的,为什么月亮是圆圆的?"孩子会很乐意回答你提的问题,会给你讲她思考的过程。

这种方式才是良性的积极的与孩子的沟通过程,而不是单纯地对事情的结果做出好与坏的判断。重本质的夸奖能够激励孩子的积极行动,如同给他们增加了继续画画的动力。

所以,总结我们夸奖孩子的方式,要分为三种。

第一种,针对孩子个人特质的笼统的夸奖。比如说"你真棒!""你真聪明!"这种方式的效果最差。因为,常被这样夸奖的孩子,会只愿意挑选那些能使自己成功的任务,以换取再次被夸奖,想永远当大人眼中的聪明宝宝。他们害怕失败,也总是逃避有困难的任务,实在躲不开的话,他们多数会放弃努力,甩手不干了。

第二种,针对孩子做出的努力和运用的能力来夸奖。比如说"你真努力!""你的方法很好!"这种夸奖方式起到的效果最好。因为,这种夸奖方式首先是对孩子行为的肯定,而且,这样的夸奖不会让孩子感到有压力,这样能够帮助孩子正确面对失败和错误,不论遇到什么样的困难任务都会自己加倍努力坚持到底,试着用各种方法和窍门去攻克难关、完成任务。他们把心思放在提高自己的技能上面,并不在乎自己在别人心中的形象如何。

第三种,针对结果去夸奖,比如"你做对了!""你干得很棒!"这种夸奖方式起到的效果比第二种要差一些。常常这样夸奖孩子的父母也通常是结果导向的父母,他们会让孩子认为好的结果是最重要的,会使孩子产生"如果下次我失败了,我就是愚笨的"的想法。因此,当他遇到失败时,就会变得沮丧,自我价值感降低,自信心和抗挫折能力减弱。

因此,父母夸奖孩子应该采取多种方式,有的时候要引导孩子关注完成任务的过程,有时候肯定他们努力完成任务而开动脑筋而付出一些辛劳和技能。然而,我们现在的许多父母,尤其是妈妈,总是对孩子赞不绝口,时常把"你太棒了""你真聪明""你真是个好孩子"等话挂在嘴边,希望能夸出个好孩子来,实际的效果却并不尽如人意。

对此,教育专家们也进行了一些实验。

他们给孩子们出了一些考试题,当孩子们完成之后,他们对其中的一部分孩子说:"你们答对了5道题,你们很聪明。"而对另一部分孩子却说:"你们答对了5道题,你们确实付出了很大的努力。"在此之后,又立即给这些孩子两种考题让他们选择:一种是较容易完成并有把握做得非常好的题目;另一种是比较难完成、并有可能会出点小差错,但能够从中学到一些重要的新知识的课题。

接下来,那些被夸奖为聪明的孩子中的一大半都会选择较容易完成的任务,因为他们只想再次得到聪明的夸奖,不想承担失败或出错的风险。而那些被夸奖付出努力的孩子几乎都选择了比较难完成的任务,他们对挑战新事物很感兴趣。

这个案例再一次提醒我们,如果你总是夸奖孩子聪明,孩子会认为,他的一切成就都是因为脑子聪明,如果遇到了挫折,他则可能以此判定"我不聪明",还会因此失去学习的兴趣。所以,只有当你为孩子付出的努力而夸奖他的行为时,他才会明白最重要的是为结果而付出的努力,从而使孩子愿意在父母的鼓励下加倍努力,寻求更多的挑战。

第三章

心平气和，
杜绝情绪化的批评

情绪化的批评，只会让孩子更闹情绪，大为降低判断是非的能力，影响他的为人处世，甚至是未来的发展，因此，父母要杜绝对孩子使用情绪化的批评。

切忌冷嘲热讽，伤害孩子的自尊

随着年龄的增长，孩子会开始希望自己能够受到重视和尊重。但与此同时，孩子在成长过程中常常会犯错，对此，很多父母会毫不犹豫地讽刺、挖苦孩子。事实证明，父母的挖苦、讽刺往往超越了孩子理智接受的范围，父母对孩子人格的羞辱，会刺伤孩子的自尊心。父母采取这样的方式对孩子进行教育，往往会使孩子变得不以为耻、习以为常，无形中对不好的行为有了加深作用，也会助长孩子不诚实和任性的毛病，甚至使孩子对父母产生怨恨，严重影响亲子关系，造成难以挽回的局面。

晓晨从小就有粗心的毛病，这可为晓晨和妈妈带来不小的烦恼。晓晨已经升入小学三年级了，成绩还是不稳定，特别是数学，起伏特别大。

其实，晓晨是个非常聪明的孩子，领悟力很高，学什么都很快，可就是改不了粗心的毛病。妈妈为此提醒了晓晨很多次，但每次考试，晓晨仍然会出现不是看漏了题，就是计算错误的情况，甚至原本计算完全正确的题，从草稿纸上照抄到考卷上也会写错。开始的时候，每次考试成绩公布后，妈妈都会询问孩子的成绩，但渐渐地，妈妈对晓晨的粗心感到无能为力，也就不怎么关心她的成绩了。

晓晨是个上进的孩子，看到妈妈失望的样子，心里很不好受。

又到期末考试了,晓晨告诉自己,这次一定要仔细,千万不要再出错、再让妈妈失望了。

考试的时候,晓晨把计算纸和考卷上的答案反复检查了好几遍,结果在晓晨的努力下,她的数学考了96分。至于丢掉的4分,是因为晓晨思考方向不对,而不是由于一贯的粗心造成的。晓晨很高兴,心想,这次妈妈一定会对自己感到满意了。

晓晨拿着数学考卷一路跑回家,她开心地将考卷交给妈妈,谁知妈妈非但没有赞美晓晨,反而讽刺地说:"真是太阳从西边出来了,你也能考这么高的分?"

晓晨的笑容一下子消失了,妈妈的话像一盆冷水泼在了晓晨的心上。不久之后,她的数学成绩又下降了。

冷嘲热讽会严重阻隔父母和孩子之间的交流,造成难以逾越的隔阂,甚至引发孩子的对抗。孩子有可能会接受父母的批评,但是绝对不会接受冷嘲热讽。讽刺是非善意的,当孩子被伤害时,他甚至可能会怨恨父母。因此,父母面对孩子的时候一定要注意自己的语气和态度,教育和批评都需要慎重思考,别用讽刺的话语伤害了孩子。

李小萌是一个追求完美的孩子,小学的时候还挺好,初中的时候,还是那么追求完美,每一门作业都希望做到最好,所以每天都做到很晚。晚上睡得晚,白天就更没有精力好好听课了,于是成绩就更加不好了。

李小萌的妈妈看到这种情况,不仅没有帮助孩子,反而经常说她:"你每天学那么晚,还考这么点啊。"久而久之,李小萌也认为自己很笨,于是学习就更差了。

好不容易读完初中,上了中专就工作了,在工作中也没什么自信,一直都做得不好,长大后也是一副自卑和畏畏缩缩的样子。

讽刺是毁灭人们自信心的杀手,而孩子的承受能力是有限的,身为父母,绝对不要使用讽刺性的语言,即便是开玩笑。当孩子表现积极的时候,父母应采取肯定的态度,及时对孩子的努力、进步、热情给予鼓励。反之,父母的讽刺性言行将极大地刺伤孩子的自尊心。

李潇是一个很聪明的孩子,从小就显得智力超群,而且性格也非常好,开朗且乐观,但是他的父亲却对他不是很满意。李潇的父亲是一位教授,性格内向,不喜欢与他人打交道,也不爱在别人面前炫耀和表现自己。

但是,李潇的表现和父亲截然不同,毕竟他还是个孩子,还没有父亲那么稳重的性格。

"你又在瞎闹什么?"父亲对着正在高声欢呼的李潇吼道。

"爸爸,我竟然这么快就读完了一本书,而且这本书比以前的都要难。"李潇有点高兴,又有点自豪地向父亲夸耀,他希望能得到父亲的肯定和鼓励。

"读一本书本来就是一件很平常的小事,你不需要这么兴奋!"父亲淡淡地说道,言语中带有一些火气。

"可是爸爸,这本书实在是太令我有成就感了。没想到这么难懂的书,竟然这么快就被我给读完了,我觉得自己真是有些天赋呢。你说,我如果再加倍努力一些,将来是不是更加厉害啊?"李潇兴奋地向父亲问道,他希望得到父亲肯定的回答,他更期望父亲能够给他一些热情的鼓励。

然而,父亲却怒吼道:"你嚷嚷什么,你以为这个世界上只有你会读书吗?我看你根本就是异想天开的孩子!"

"爸爸,我是不是做错什么了?"受到了责骂的李潇委屈地问道。

"当然,你并没有做错什么。但是,我就是不喜欢骄傲自大的孩子,以后不要乱嚷嚷了,你的声音简直让人烦透了。"父亲继续训斥儿子,"你不要以为你是天才。我告诉你,你是在自欺欺人。"

父亲说完,就把门"砰"地一声关上了,留下了在那儿发呆的李潇。

门外的李潇伤心地哭了起来,他不明白父亲为什么会这样对待他。突然之间,李潇乐观、自信的心态消失得无影无踪,原来他是一个很笨的孩子,不讨父亲喜欢的孩子。从那以后,李潇再也不爱看书了,每次想要快乐地分享的时候也总是想起父亲的嘲讽,他完全变成了另外一个人。最终,李潇像他的父亲所说的一样,是个很平凡的孩子。

父母如果想激励孩子,有很多可以采用的教育方法。千万不要挖苦孩子、数落孩子,尤其不要为孩子贴上标签。因为标签一旦贴上了,不但大家都认为他是这样的孩子,包括孩子自己也会这么认为。

讽刺,伤害的是孩子的自尊;讥嘲,打击的是孩子的信心。父母慷慨给予孩子的应该是赞赏,只有赞赏才能帮助孩子树立人生的自信;父母给予孩子的还应该是鼓励,因为只有鼓励才会让孩子释放生命的潜能。

批评要温和,切忌简单粗暴

如果父母在孩子面前总是特别严厉，或者总是以威严的面孔面对孩子,以严厉的语气对孩子讲话,无形中会使孩子产生畏惧的心理,从而不敢和父母交流,有的孩子甚至会产生反抗的心理。这样不仅不能教育孩子,而且还会阻断亲子间的沟通。因此,要达到真正良好的亲子沟通,父母采取温和的态度非常重要。

整个院子的人都知道,三楼的小明是个特别调皮的孩子,特别爱玩,不爱写作业,天天不是挨骂就是挨打,学习还不好,父母拿他一点办法都没有。

有一天,小明正在被妈妈训斥时,当小学老师的小姨到家里来。只见不管妈妈怎么说,小明就是不开口,也不动,倔强地站着,气得妈妈要打他。小姨对小明妈妈说:"姐姐,把孩子交给我吧,我来和他谈谈。"小姨摸着小明的头问:"明明,在外面是不是很开心?"

小明说:"也不是特别开心。"

"那为什么不做作业呢?"

"妈妈对我太凶了,总是骂我,有时还打我,我就是不做,故意气她。"

"那你觉得完成作业再去玩好,还是玩过再做作业好呢?"小明不说话,小姨又说,"你是不是也觉得做完作业再去玩,心里没有压力,也不用听父母的责备,会玩得更开心?"小明点点头。

"小姨知道,明明是个懂事的孩子,聪明也爱学习,就是妈妈不催,你也会主动完成作业的,是不是?"小明没说话,他径直走到书桌前,打开书包,开始做作业,而且特别认真。

从这次之后,小明的妈妈明白了自己以前的做法是错误的,由于对孩子态度粗暴,导致使孩子产生了逆反心理。从此以后,小明的父母改变了态度,不再严厉地责备他,而是以温和的态度对待他,小明反而更听话了,学习成绩也有了很大的进步。

现在的孩子遇到的问题是多样化的,简单粗暴的"打骂"并不能解决问题,首先要尝试对孩子提出温和的建议,引导孩子走出误区。在解决问题的过程中,一方面要求父母注意语气和态度,另一方面要求父母提出的建议是有效的。父母要思考对孩子具有针对性和可行性的建议,只有这样才能够收到效果。否则,无效的建议提得太多了,即使是用温和的语气提出来的,也容易引起孩子的反感。

有一次,谢辉发现儿子捧着一本书,很长时间也不动,乍一看以为儿子在认真学习,但是实际上儿子走神了,他根本就没翻动一页。

几分钟后,儿子起身倒水喝,谢辉就对他说:"做什么事情都要专心致志,否则是难以收到好的效果的。如果心思不在一件事情上,即使花再多的时间也没用。"

儿子看着谢辉,轻声问:"爸爸,你注意到我刚才走神了?"

情绪化的孩子怎么教

"是的，我一直认为你是个好孩子，自从你学会了认字之后，一直对阅读保持着浓厚的兴趣，但是今天你走神了，能告诉我是为什么吗？"

"不，爸爸。"儿子思考了一下，说，"我对学习有兴趣，只是……只是……"

"只是什么呢？告诉爸爸吧，爸爸很想知道！"谢辉想，儿子心中一定有一些解不开的疑问。

"只是我今天突然想到了一个问题，那就是学那么多东西有什么用呢？"儿子说出了他的困惑，"我知道学习铁匠技术可以制造农具和炊具，学习木匠活可以制造家具、建造房子，但是学习寓言和诗歌能做什么呢，仅仅是为了打发时间，闲着无聊吗？"

面对儿子的困惑，谢辉并没有生气，反而有一种喜悦感，因为儿子的话足以表明他已经开始思考问题了。谢辉想，这是一个教育儿子的好机会。

"儿子，你能思考学习有什么用，爸爸感到很高兴，因为你在动脑筋思考。"谢辉首先肯定了儿子的想法，然后，谢辉对儿子说，"知识是一切力量的源泉。如果你不学习，对力学没有最起码的研究，怎么会知道建造一座房子要用多少木材呢？怎么知道哪种设计最合理、最节省材料、最让人舒适呢？如果缺少审美知识，又怎么知道哪种建造风格最受人欢迎呢？如果没有这些知识，我们可能只能对着木头发呆，恐怕最后我们自己都变成了木头！"谢辉尽量用一些比较风趣的词语讲道理。

儿子听到这里，笑了起来。

"如果木匠不知道如何用木头来做家具的道理，那他要怎么办呢？木匠做家具可是需要几何和物理学的很多知识呢？你猜原始人都是怎么做的?"说话的同时,谢辉做出猿人的动作,并问儿子,"没有房子住怎么办?"

"只能住山洞了。"这时,儿子哈哈大笑起来。

接着谢辉告诉儿子:"诗歌、寓言、哲学、音乐,都是人类智慧的结晶,能教我们做人的道理,是珍贵的财富。为什么我希望你看诗歌呢,并不是一定要你成为诗人,而是要让你理解不同时代、不同国家的文化。"

"还有一点,儿子,你以前说过,你在学习中感到了快乐,这同样是一种收获啊。"

儿子听到这里,双眼散发出喜悦的神采,他心中的疑团完全解开了。

在与孩子的交谈中,谢辉采取了说理的方式对其不认真学习做出了批评教育,但是他的言语中丝毫没有表达出生气、斥责的意味,孩子高兴地听爸爸给他讲道理,最终解开了心中的疑团。

面对孩子的挑战,如果不能以理服人,而是拿出家长权威来,就很容易使孩子产生逆反心理,甚至会故意反抗,造成意想不到的严重后果。因此,批评孩子时要晓之以理,动之以情。父母要注意态度,找出原因,指出危害性,引导孩子自己去改正错误。这样,孩子会很愿意地接受批评,对父母萌生感激之情。

父母在孩子成长的道路上,常常扮演着引路人的角色。孩子对这个世界的第一印象,大多来自于父母,所以父母要教会孩子正确、错误、善良、邪恶等概念。在这个过程中,父母要保持温和的态度,告诉孩子怎样做才是正确的做法。

教育学家认为,幼小的孩子心灵很容易受到挫折,粗暴的教育方式都不合适,只有温和才能走进孩子的心灵。这其中还有这么几个原因。

(1)温和的建议能够缓解孩子的紧张感。

孩子一旦犯错就害怕批评,这源于一种潜在的心理负担。孩子会猜测父母的反应,因而变得神情紧张、焦虑不安。与此同时,孩子的自我保护本能会促使他做出"心理防御",以至于不敢也不愿意向父母道出真情。

如果父母在此时呵斥孩子,孩子的心理负担就会转化为心理压力,对孩子的成长是不利的。这时,如果父母用和蔼的态度、温和的建议开导孩子,更容易使孩子获得心理上的宽慰,孩子心态放松了,情绪稳定了,他就容易接受父母的教育了。

(2)温和的建议能够减弱甚至消除孩子的逆反心理。

有些父母对孩子比较严厉,孩子经常遭到训斥,在这些孩子眼里,父母是没有亲和力的,甚至是令人讨厌的。由于有了强烈的对立情绪,所以当父母批评他们时,他们不会认真接受。有时他们甚至故意与父母对着干。可见,严厉的斥责很容易激化孩子的逆反心理,不利于父母教育孩子。

如果父母面对孩子的时候一直很温和,心平气和地与孩子就事论事,孩子就会受到良性的暗示,愿意接受父母的教诲。长此以往,孩子的叛逆心理就很容易被消除,孩子会不自觉地按照父母所教的道理去学习、生活和做人。

(3)用温和的态度面对孩子,可以拉近父母与孩子的距离,增进彼此的亲密关系。

如果父母总是很严肃,会阻碍与孩子的亲密关系。温和的态度更容易靠近孩子的心灵,便于对孩子进行谆谆教导。用温和的建议与孩子交流,有助于促进亲子间的思想交流和情感沟通,从而使孩子尊重父母、信赖父母,心悦诚服地接受父母的教导。

别总以为父母就是权威

有些家长认为,我是家长,你是我的孩子,你就应该听我的,不管我说的对不对,你都要耐心地听;如果你反驳我,就是对长辈不敬,是绝对不允许的。这就是家长的权威思想在作怪,总是以为自己批评教育孩子是有道理的,认为自己是权威,不容置疑和挑战。殊不知,强行打压孩子听从自己的教育,一方面会扼杀孩子的思考力,打击孩子的参与意识,另一方面还会严重降低家长在孩子心目中的威信和信任感。

王齐的学习成绩很好,而且还是班里的班干部,各方面都很优秀,在学校里是同学们的榜样。王齐深知作为一个班干部,每一件事情都要起到带头作用,所以,无论是学习还是纪律方面,他都能做出很好的表率。老师常常夸奖王齐是个"以身作则"的好学生干部。

这天,学校号召学生们义务献血,为了让同学们踊跃响应,老师先给学生干部做思想工作,希望由各班级的学生干部先加入献血的行列。

情绪化的孩子怎么教

王齐回到家里,把这件事和妈妈说了,希望得到妈妈的支持。可是,王齐还没把话说完,妈妈就严词拒绝了:"不行,你怎么能去随便献血,你知道要吃多少营养品你的血才能补回来吗?"

王齐向妈妈解释道:"其实,正常人献一些血是不影响健康的。"

妈妈立刻反驳道:"你怎么知道?你还在长身体,不能献血。知道吗?"

王齐还在和妈妈辩解道:"老师希望班干部起带头作用,我可不能成为后进分子。"

妈妈不容争辩:"后进就后进,你就和老师说你贫血。别和我争了,按我说的做!"

王齐无可奈何地回到了自己的房间,觉得妈妈的话不可理喻,从此以后,对于妈妈的话,他都爱听不听。

在生活中,很多家长都像故事里的王齐妈妈一样,面对孩子的问题,不能给出合理充分的原因,但为了让孩子打消念头,便使出最后的绝招:"你是我生的,所以凡事都得听我的。"在这种强权教育下,孩子需要做的只是接受家长的指令,然后去执行就可以了。长期如此,孩子会越来越任性,表现得越来越不听话。

如果父母不放下架子,对孩子总是强调自己的观点与尊严,而不顾及孩子的想法,那么,不仅得不到孩子的认同,还容易引起他们的反感,破坏你在他们心目中的形象,因而达不到预期的教育效果。

父母总喜欢把自己置于高高在上的地位,认为自己永远是正确的,可以随意批评孩子,孩子必须认真听取批评。于是,父母成了高高在上的说教者,孩子成了沉默不语的接受者。孩子接受了批评教育吗?没有,或许接受的只是逆反和不满。因此,父母要改变传统思想,学会在批评孩子的时候与之互动平等,孩子才肯听,才会真正有效果。

家长应该蹲下来,和孩子平视。在生活中,父母要表现出尊重孩子,以平等的身份对待孩子,与孩子建立相互信任,做孩子的知心朋友。在我们的周围,很多孩子往往喜欢与家庭以外的成人交往,因为那些成人对待他们很像同辈,可是,他们在家庭中往往感受不到这种气氛。

那么,应该如何与孩子进行平等的交流与对话呢?关键在于父母要放低姿态,放下家长的架子,以平等的心态对待孩子,把孩子作为一个独立的个体来看待,在相互尊重的前提下,进行平等的对话。给孩子平等的对话机会,你说的话孩子才能听到心里去。

不要用抱怨的语气批评孩子

有人说:"没有有问题的孩子,只有有问题的父母。"在不同的孩子身上出现了同样的问题,聪明的父母会积极面对,努力找方法,而不是找抱怨的借口。正所谓"失败者找借口,成功者找方法",真正有心要纠正孩子毛病的父母,绝不会用抱怨的语气批评孩子。

蔓蔓4岁,喜欢调皮捣蛋,经常把玩过的玩具,随地乱扔。蔓蔓的妈妈只好跟在她后面忙着收拾,嘴里还不停地念叨:"蔓蔓,你真是太不听话了,这样下去会把妈妈累坏的。""不要再闹了,妈妈真拿你没办法。"

那时候,蔓蔓听了妈妈带有抱怨的批评声,不但不会害怕,有时甚至哈哈大笑,同时还会故意把一旁放好的玩具弄翻,好让妈妈继续收拾,继续陪她闹。

慢慢地,蔓蔓越来越任性,越来越顽皮,经常故意把看完的小人书扔到妈妈的面前,然后站在那里看着妈妈。蔓蔓的妈妈一贯对蔓蔓疼爱有加,她很少大声训斥孩子,更不要说打骂。因此,她还是带着抱怨的口气批评蔓蔓:"哎呀,蔓蔓,我说过你多少次了,你怎么这么调皮呢?你再这样,妈妈真的会生气的。"蔓蔓妈妈边说边捡起小人书。

蔓蔓的爸爸正好看到了这一幕,晚上睡觉的时候,爸爸告诉妈妈,说她不应该用抱怨的语气批评女儿,他认为在批评孩子的时候要认真、严肃一点。如果还是像以往那样抱怨,对孩子没有任何语气加重的批评,孩子是不会意识到自己的错误有多么严重,反而觉得好玩,会更频繁地犯错以吸引大人的注意力。

爸爸的话让妈妈意识到了自己的错误,从那以后,她每次批评孩子的时候,都会认真地对待,不再像以前那样随意地抱怨。经过一段时间的实践,蔓蔓任性的毛病得到了很好的纠正。

作为家长,如果在批评孩子的话语中带着"只打雷不下雨"的抱怨,那么,是起不到丝毫作用的。孩子依然会我行我素、调皮捣蛋,甚至会抓住你的弱点、故意捣乱,他知道你不会把他怎么样,对你的话就不会信以为真了。因此,你在孩子的心中就会失去本应有的权威。

不论孩子是三岁还是五岁,当他犯了错时,你都应该认真对待。认真对待并不是对孩子大吼大叫,更不是对孩子大打出手,认真对待指的是重视孩子犯错这件事,努力使孩子从中受到教育,养成良好的习惯。

举例来说,孩子睡觉前,正好是你教育他养成保持卫生整洁的习惯的好机会。这时玩具乱七八糟地躺在地上,你可以邀请孩子说:"玩具都是你的朋友,在睡觉之前,我们要不要一起把玩具们送回去睡觉呢?如果不这样,玩具们下次就会躲着你了。"

接下来,孩子可能会问:"为什么玩具会躲着我呢?"你可以告诉他:"因为你现在不送他们回家,下次你就找不到他们啦,不就是玩具躲着你吗?"相信在你的解释下,孩子能够心悦诚服地接受,并和你一起认真整理房间、收拾玩具,这样孩子就容易养成保持卫生整洁的习惯,养成及时把东西归位的习惯。

一旦对孩子使用抱怨的语气,就容易使孩子误解父母的本意。原本也许父母是想用温和的建议批评孩子,但是一旦带有抱怨,会使孩子以为父母只是随口说说,于是他们也不太把父母的话放在心上。另外,父母的抱怨很像唠叨,容易让孩子感到厌烦。因此,父母有必要把抱怨的批评变成正式的、简要的批评,这样便于引起孩子的重视,促使孩子改正不良行为。

不做毁灭性的批评

每个孩子在刚出生的时候都是天使,但是,在成长的过程中,有的孩子成了有才华的人,有的孩子却平庸无为。对此,父母负有很大的责任。如果父母能够给予孩子足够的爱、尊重和关注,孩子就会成为父母希望的那类人;相反,如果父母因为孩子不尽如人意而放弃教育,那么,孩子就会因此而自暴自弃、不思进取。

一个青年罪犯在总结他犯罪的原因时说:"小时候每当我犯错误,我的父亲就会摇摇头说:'算了,我对你不抱任何希望,你长大一定是个问题孩子。'因为这句话,让我觉得自己做任何坏事都理所当然,既然父母已经对我不抱希望了,那我自己又能怎样呢?"

孩子需要父母的肯定,因为父母的每一次肯定,都会让孩子体会到成功的幸福,产生上进的动力。即使孩子有时表现很糟,他也应该得到父母的鼓励,因为孩子有权利失败。他们从一次次的失败中才能吸取经验和教训,为下一次成功做好准备。所以,每次孩子失败或遭遇挫折时,父母要做的一件事情就是鼓励孩子,给孩子力量和信心,而不是对孩子感到灰心绝望。

小宝很喜欢唱歌,他幻想着有一天能够出自己的唱片。

这天晚饭后,小宝和爸爸妈妈一起看《我是歌手》的选秀,当每一位歌手上台的时候,小宝就会跟着唱,唱到兴头上还即兴跳了几个动作。

这让正在看电视的爸爸很是心烦:"能不能好好看电视,你都挡住我们的视线了!"

小宝没有听出爸爸话里的不耐烦,反而一本正经地跟爸爸说:"爸爸,你觉得我唱得好不好?我以后也要当歌手。"

爸爸听到小宝说的话,禁不住笑出声来:"什么?你少做梦了吧!还是好好学习,能考上大学就不错了!"

爸爸的话让小宝心中的火焰霎时熄灭了,从此,那个梦想着成为大明星的小宝不见了。

在孩子特别惹人生气的时候,很多父母都会不由自主地说出一些令孩子泄气的话来。"你一点都不像我!""你将来也就这样了,怎么能养出来你这么个废物!"殊不知父母一时的气话,却足以形成对孩子终生的伤害,因为它破坏了孩子对将来的希望和美好的憧憬。一个人没有信心和希望的孩子,他还能好好读书吗?

情绪化的孩子怎么教

父母随便给孩子贴上负面标签，不但会伤害到孩子脆弱的心灵，还会严重影响孩子的健康成长。

王小薇非常内向，无论是说话，还是做事，都慢吞吞的，是典型的"慢性子"。

王小薇在课堂上从来不发言，有时老师点名让她起来回答问题，就算她知道题目的答案，也像是怕回答错了似的，从来不敢回答。

王小薇的作业也写得非常差，几乎从来没有全部答对的时候，即使有些错误她可以避免的，而她却一次也没有全答对。

有一次数学测试，王小薇没有及格。试卷发下去后，老师找王小薇谈了一次话。谈话中，老师说她是个聪明伶俐的孩子，只要她努力点，就一定能把学习成绩赶上去。

谁知王小薇听到老师说她"聪明伶俐"，感到特别吃惊，她对老师说，自己是个笨孩子。经了解，老师才知道，原来王小薇因为性子慢，她妈妈便经常说她比别的孩子笨，所以，王小薇就在无形中接受了这样的事实，从而放弃了努力。

有一位教授曾经说，孩子是经不起挑剔的。父母越是挑出孩子的不足，越是批评孩子的不对，孩子就越是听不进去。更加糟糕的是，当我们经常说孩子这不行那不行的时候，我们的责备和训斥往往会应验，结果我们会发现孩子果真什么都不行、什么都不好。这就是消极暗示的结果。所以，我们要信任孩子，哪怕批评孩子的时候，也要告诉孩子："我相信你会改正错误，不断进步。"这就是说，我们要给孩子积极的心理暗示。

有一个从少管所出来的16岁男孩,被包括父亲在内的所有人放弃,只有妈妈还没有放弃他。

妈妈几乎跑遍了整个城市,终于给孩子联系到一家愿意收他的学校,可是,孩子却说:"我不想读书了,我这样的人,读书也没有什么用。"

妈妈没有训斥孩子,而是温柔地跟他说:"妈妈给你出一个难题吧!"

有3个人,他们分别是:

A笃信巫医,有两个情妇,有多年的吸烟史;

B曾经两次被赶出办公室,每天中午才起床,每晚都要喝大约1公斤的白兰地,而且曾经有过吸食鸦片的记录;

C曾是国家的战斗英雄,一直保持素食习惯,热爱艺术,偶尔喝点酒,年轻时从未做过违法的事。

妈妈问:"如果我告诉你,在这3个人中,有一位是众人敬仰的伟人,你认为会是谁?"

孩子想了想,选择了C。

"你再猜想一下,这3个人将来各自会有什么样的命运?"

孩子回答:"A和B将来的命运肯定不妙,要么成为罪犯,要么也是个废物,而C一定会成为一个社会精英。"

妈妈摇了摇头,说:"孩子,A是富兰克林·罗斯福,二战时曾连任四届美国总统;B是英国首相温斯顿·丘吉尔;而C是希特勒,法西斯的头目。"

孩子呆呆地看着妈妈,他简直不敢相信。

妈妈摸着孩子的小脸说:"孩子,你的人生就像八九点钟的太阳,过去只能代表过去,不能代表你的现在和将来。每个人都不是完美的,从现在开始,忘记曾经,妈妈相信你会成为一个有作为的人。"

妈妈的话,改变了孩子的态度。后来,这个孩子成了华尔街最年轻的基金经理。他说:"是妈妈让我觉醒,给了我重新开始的自信。"

这个孩子应该庆幸他有这么一个睿智的妈妈。妈妈让他明白,过去并不重要,即使他曾经犯错,也还有机会把握现在和将来。这种鼓励,让孩子重新找回了自信。

一个人的将来是不可预知的。因为一个人的成长会因际遇和时机而产生改变。而人的才能又是多方面的,不擅长读书的人可能善于经商。每个孩子未来的人生道路都很漫长,最重要的是让孩子抱有"前途大有可为"的希望,就会激起他无穷的力量。

很多父母在否定自己孩子的时候都是无心的。建议父母重新学习如何对孩子"说话",并注意以下几点。

第一,不要轻易否定孩子。

轻易否定孩子代表父母忽略了孩子需要的尊重,交流结果可想而知。假如引导孩子进行深入思索,就可以使孩子看到父母的"深度",从而产生敬佩之情。

第二,说话杜绝不良情绪。

父母要以积极的心态乐观地对待孩子,孩子也会给父母乐观的回报。有些父母的话中包含着不良情绪,如"那个人很坏""他爸爸也不管孩子""当时别听某某的话就好了"……这种不良的情绪会传染给孩子,使孩子变得消极起来,并形成从外部找原因的思维方式，这对孩子的成长非常不利。

第三，某些话不能说。

举个例子，在老一辈人口中，"没出息"这句话出现的频率相当高。这三个字不知刺伤了多少孩子的心。这句话带有明显的贬低意义，能极大地打击孩子的自信心，父母要避免用这种带有明显贬低口气的话来评价孩子。

第四，避免语言中的消极暗示。

经研究证实，长期的心理暗示足以导致孩子认知思维层面的偏离，进而引起相应的心理和行为改变。因为孩子对自身状况缺少判断能力，潜意识里很容易认同父母的这些消极说法，所以，父母总是用同样的话来说孩子，说得多了，往往会弄假成真。

第五，在孩子需要时支持他。

孩子就像幼苗，弱小且需要关爱，大人认为很简单的事可能对于他们来说是很大的难题，父母应该尽可能地帮助和支持他。只有让孩子充满信心，他才能在未来的人生之中面对一切挑战，才会拥有幸福的人生。每当孩子痛苦和失落之时，做父母的不要忘记对他说"你一定行的，我相信你""任何人都有成功，也有失败，失败往往比成功更多"等话。孩子失败了，父母绝不能说"我就知道你不行"之类的话，而是要对孩子多加鼓励，帮助他从失败中走出来。

批评后，别忘了安抚孩子的情绪

批评孩子要以关爱为基础，这是对孩子自尊心的保护。批评完之后，要以爱抚为主，主要表现有对孩子情绪的关注，对孩子心情的安抚，对孩子情感的安慰。这样才能避免孩子把批评当成一种心理负担，失去上进心，甚至产生抵触情绪。父母既要从关爱出发来批评孩子，又要在批评之后爱抚孩子，驱散孩子的紧张和不安，消除其抵触心理，使批评在愉快中进行，在愉快中结束，同时，让孩子受益匪浅。

春节期间，黄涛与多年未见面的姐姐带着自己的孩子，一起回乡下老家过年。那段日子家里显得异常热闹、温馨。姐姐的孩子朵朵长得非常可爱，又懂礼貌，所以很讨人喜欢。而黄涛因为自己生的是个男孩，所以特别喜欢女孩。不知不觉，他就忽略了自己的儿子涛涛。他想，小男孩么，没必要看得这么严格，只要不出事，随便他去，倒是女孩子相对娇弱一点，玩的时候，要注意安全。

一天下午，涛涛和朵朵在玩积木的时候，涛涛突然拿积木打了朵朵几下，朵朵哭着跑过来向大家告状。黄涛正在和姐姐闲聊，得知涛涛拿积木打朵朵，黄涛非常生气。还未等姐姐开口安慰朵朵，黄涛就腾地一下从沙发上跳起来，冲正在客厅玩积木的涛涛吼道："谁叫你打妹妹啊？你是哥哥，怎么不知道谦让一下呢，真是不懂事,爸爸不喜欢你了。"

说完这些,黄涛又蹲下来安慰还未停止哭泣的朵朵:"朵朵不哭啊,是涛涛哥不对,我们以后不跟他玩了。"黄涛边说边帮朵朵擦眼泪,然后把朵朵搂在怀里。不一会儿,朵朵就不哭了。黄涛和姐姐继续闲聊起来,没把挨批的涛涛放在心上。晚上吃饭的时候,涛涛却没有出现在餐桌旁。

黄涛充满疑惑地问妻子:"涛涛去哪儿了,怎么不来吃饭?"妻子告诉他,涛涛在他的房间里,已经难过了一个下午。这番话让黄涛感到纳闷:"怎么回事,谁欺负他了?"黄涛急切地问,妻子微微一笑,说:"涛涛说你不喜欢他,不和他玩,所以他很难过。"

当时,黄涛没再说什么,不想因为这点小事扫了大家吃饭的兴致。晚上,他疑惑地问妻子:"我们家生的是儿子,难道也情绪化这么重,随口说他一句就闹脾气?"

妻子说:"这跟儿子女儿没关系,孩子都是渴望父母爱他的,你这段时间总是说朵朵好,儿子心里本来就不平衡,你又说不喜欢他了,他肯定伤心,依照我看,你应该跟儿子道歉。"

第二天早上,黄涛被涛涛叫醒了。只见他站在黄涛的床边,眨巴着眼睛看着黄涛,说:"爸爸,你喜欢我吗?"黄涛从他的眼中看到了期待的目光,顿时鼻子酸酸的,忙说:"涛涛对不起,爸爸昨天不应该那样说你,爸爸当然喜欢你,也许爸爸这段时间关注小妹妹多了点,但是,小妹妹是女孩子,我们男子汉是保护女孩子的,不是欺负女孩子的,只要你不打小妹妹,和小妹妹以及小朋友们好好相处,大家都会喜欢你。"涛涛脸上绽放出了可爱的笑容。

俗话说:"良言一句三冬暖,恶语伤人六月寒。"黄涛在批评犯错的涛涛时,忽视了孩子的感受。虽然他觉得痛骂孩子一顿后感到很泄气、很痛快,但是对孩子来说,却是一种极为痛苦的情感摧残。黄涛说出的不恰当的话深深烙印在孩子的心里,使他难受的心情久久挥之不去,怎么也活泼不起来。而黄涛并没有及时给孩子关爱和安慰,让他知道父亲还是很爱他的,只要他不再犯同样的错。

所以,在批评孩子之后,不要忘了对孩子说:"爸爸(妈妈)依然爱你!"而且要带着情感、真诚地把这句话说出口,不要让孩子觉得那是一个程式化的仪式。此外,父母还应关注孩子的情绪变化,防止过激行为。要注意安抚技巧,消除感情隔膜。批评后可以采取适当的方法向孩子表明为什么要批评他,为什么要这样批评,以消除情感上的隔膜。

两岁的涵涵因为不爱吃饭,所以长得比较瘦,看上去营养不良似的。

为了增加涵涵的营养,涵涵妈妈总是挖空心思地给涵涵做各种各样的可口饭菜。

有一次,涵涵妈妈端着专门为涵涵熬的营养粥追着喂她,涵涵嘴里喊着"不吃不吃",一边跑一边把脸扭来扭去地不让妈妈喂。

见涵涵这么淘气,涵涵爸爸有些生气,对涵涵喊道:"跑什么跑,老老实实坐那儿把饭吃完。"

经爸爸这一喊,涵涵有些被吓着了,胆怯地望着爸爸,小声说:"肚子疼。"涵涵妈妈一听,马上紧张地问:"宝贝,告诉妈妈,肚子哪儿疼?"

涵涵附在妈妈耳边小声对妈妈说:"肚子不疼,我骗爸爸的,我不想吃饭。"

涵涵爸爸听了这话,就更加生气,马上批评涵涵:"你天天不好好吃饭,批评你你还撒谎说肚子疼。下次你要敢再撒谎说肚子疼,我就把你领到医院打针去。"

被爸爸批评的涵涵心里感到很委屈,但因为做错事了,所以也没敢哭,只是坐在椅子上胆怯地望着爸爸。

妈妈见,涵涵被爸爸的批评吓住了,就安慰涵涵说:"只要涵涵听话,好好吃饭,不淘气,爸爸就还和原来一样爱你,而且也不会再批评你了。"

听了这话,涵涵才胆怯地看着爸爸,小声说:"爸爸,我好好吃饭,你还喜欢我吗?"

爸爸点点头说:"只要你听话,不淘气,爸爸就还和原来一样喜欢你。"

孩子挨完批评后,情绪都会比较低落。父母适当的安慰,可以让孩子感到,虽然他犯了错,但父母还是爱他的。这样孩子会更容易接受批评,同时也会对父母充满感激。

第四章

耐心倾听，
搞明白孩子为什么闹情绪

　　当孩子闹情绪的时候，父母先不要粗暴压制，而要先争取搞明白孩子的真正意图，这样，才不会给孩子造成不适感，才能实现和孩子的畅通交流。

听懂孩子的"话外音"

虽然父母都很爱孩子,可是,越来越多的父母发现了这样的情况:"孩子怎么什么都不告诉我们呢? 我们都不知道他们每天在想什么!"

孩子们为什么不愿意和父母分享心情呢? 因为他们认为:"说了也没有用。"有的孩子试图跟父母沟通的时候,很多父母会认为,这都是"孩子话",不必当真。长此以往,孩子的心灵就会封闭。在这种情况下,怎么能够听懂孩子话里的弦外之音呢?

情景一

儿子看见邻居家的小朋友在吃冰激凌,抬起脸庞,对爸爸说:"爸爸,天气好热啊。"

情景二

妈妈对女儿说:"你怎么还在看漫画书!"

女儿回答说:"妈妈不是说让人快乐的书就是好书吗? 漫画书让我快乐,不也是好书吗?"

情景三

君君说:"爸爸,老师今天表扬明明了。"

爸爸说:"是吗?那你可要好好向他学习啊。"

说完了这句,父亲发现儿子的眼神竟有些黯淡。

这三个例子是不是经常在我们的身边发生呢?孩子们其实都是很聪明的,他们会运用联想、比喻、反问、启发等等手段去达到自己的目的,他们其实都很会聊天!面对闪现在孩子身上的这些微小细致的智慧,真让大人佩服和汗颜。

所以,为了更好地与孩子沟通,为人父母者要学会听懂孩子的"话外音"。仔细琢磨孩子的"话外音"。

陈先生的女儿今年十岁了,像个小大人一样,非常有个性。

星期天,陈先生带着女儿去公园玩。陈先生对女儿说:"你去放风筝吧,玩得开心点,不过要注意自己的安全。"

女儿笑了笑:"好的,爸爸,不过我该怎么做?是玩得开心点,还是要注意自己的安全?"

陈先生听出了女儿的"话外音":如果你允许我开心,那么我就无法保证自己的安全;如果我必须关注自己的安全,那么,我就可能玩得不开心。

于是,陈先生笑了笑,说:"小心点吧,安全第一,其次才是开心。"

读到这里,我们不得不佩服孩子的这些小智慧。作为家长,千万不要小瞧自己的孩子,他们其实是很机灵的。面对这样的孩子,和这样的孩子进行沟通的时候,千万不要直白地理解,否则很容易误解孩子的意思。为了让自己和孩子的沟通进行得顺利,当孩子出现了"话外音"的时候,要为他们感到由衷的高兴。

最近一段时间,康康总是跟妈妈"唱反调":明明每晚睡前都要喝牛奶,可是当妈妈帮他准备好了之后,他却说:"不喝。"

外婆很疼爱康康,康康也很爱外婆,可是,当妈妈带他去给外婆买礼物的时候,他却很不高兴地说:"我不愿意让妈妈给外婆送礼物。"

爸爸出差回来,问康康:"宝贝想爸爸没有?"他却回答说:"不想!"事实上,就在前一天晚上,康康还因为想爸爸哭了一场呢。

遇到类似的情况,家长要仔细解析一下孩子的"话外音"了。

当孩子每天都要喝牛奶却对你说"不喝"的时候,其实他是在跟你开玩笑;当他说"不喜欢妈妈送礼物给外婆"的时候,可能是想自己送礼物给外婆;当孩子说"不想爸爸的"时候,其实是在说"我很想你",聪明的父母一定是可以觉察出这一点的。

5岁的彤彤最近特别不爱去幼儿园。妈妈跟老师沟通时,老师说,最近彤彤总是特别孤单,也不跟小朋友玩,老师也不知道为什么,让妈妈跟彤彤好好沟通一下。

彤彤的妈妈问她:"你为什么不愿意去幼儿园了?"

彤彤回答说:"妈妈,他们都不愿意跟我玩!"

妈妈听了之后,说:"他们不与你玩,你可以主动找他们玩呀。"

但是,孩子却说:"我就不找他们玩,谁让他们不找我玩的。"

遇到彤彤这样的孩子,做父母的应该怎么做呢?

第四章
耐心倾听,搞明白孩子为什么闹情绪

当彤彤说"妈妈,他们都不愿意跟我玩"的时候,很多妈妈都会说:"他们不跟你玩,你可以主动找他们玩呀。"但是,这时候,孩子往往会进行反驳:"我就不跟他们玩,谁让他们不跟我玩的。"妈妈这样说,不但不会消除孩子的烦恼,还会引起孩子的不快。

如果能够体会到孩子"话外音"表达的心情,就要试图去解读孩子的心情,当孩子说"妈妈,他们都不愿意跟我玩儿"的时候,妈妈可以说:"哦,他们不跟你玩,你很生气,是吗?"

这样,才能进一步跟孩子沟通,从而解决孩子的问题。

有些家长可能会觉得,孩子这么小怎么就学会这样说话了?其实,这并不是孩子学坏了,而是孩子长大了,他们能够通过一些非正面的描述来表达自己的想法。从某种意义上说,孩子有了这样的举动,只能说明孩子的思考能力加强了,思维活跃程度提高了。

当孩子已经学会了"话外音"这一表达方式的时候,父母要以平常心对待,积极应对,多与孩子沟通,尽快明白孩子的真正意图,这样,才不会给孩子造成不适感和挫败感,才能实现和孩子的畅通交流。

你的感受不等于孩子的感受

每个父母都是无条件爱孩子的,因此,从孩子降生的那一刻开始,父母便开始为孩子操心种种事情。正是基于这个原因,很多家长便将孩子的事情当成了自己的事情,将自己的想法当成了孩子的想法,同时,也就理所当然地认为自己的感受也是孩子的感受!

事实证明,这种想法是不正确的。孩子的感受和大人的感受并不能混为一谈。如果武断地将自己的感受强加给孩子,势必会影响到亲子关系。

乐乐的妈妈是个非常爱孩子的人,她觉得乐乐就是她的一切。她每天按时去买东西,为孩子做好一日三餐,再看着孩子吃完。对孩子的学习她也非常注意,每天都盯着孩子写作业,每道题都要认真看,别人都觉得她太辛苦了,她倒是乐此不疲。可惜乐乐并不领情,乐乐跟小伙伴说:"我妈妈一点都不了解我,她根本不考虑我的感受,每天都盯着我学习,让我喘气的机会都没有,我一点都不想回家。"

这是一种悲哀,父母和孩子本应是彼此深爱的,这从侧面反映了考虑孩子感受的重要性。父母在给孩子付出爱的同时,一定要多考虑一下孩子的感受，主动征求一下他们的意见，看看他们是否乐意这么做。

星期日的早晨，爸爸起床之后，去了洗手间，这时候，他的手机响了。儿子听到了手机响，从被窝里爬出来，举着手机跑到卧室找爸爸。

儿子非常兴奋，一看爸爸竟然不在卧室。妈妈说："儿子，爸爸在洗手间呢。"这时候，手机铃声停了，孩子的兴奋表情消失了。

这时候，爸爸从洗手间出来了。妈妈赶忙说："儿子，赶紧给爸爸手机。"

孩子正要伸手去递手机，可是，爸爸完全没有注意到孩子的行为，抢先一步夺过手机，转身走出了房间。

爸爸没有理会儿子，转身离开的行为，让孩子一下子受到了不小的打击和伤害。孩子低着头，灰溜溜地跑到客厅，接着，只听"哇"的一声，犹如洪水暴发一般地痛哭起来。

妈妈赶紧跑到客厅，安慰着孩子："对不起，宝贝，爸爸要出去办事，很着急，所以忽视你了，妈妈替爸爸向你道歉。"可是，不管怎么说，孩子却越哭越凶。

在一个美好的早晨，孩子以为自己做了一件好事，可是，却在不经意间被爸爸的冷漠之水浇灭了。故事中的爸爸的确犯了一个错误，他忽略了孩子的感受，伤害了孩子的自尊。父母一定要引以为戒，关爱不是一句口号，而是要从身边的小事做起，千万不要让自己的冷漠伤了孩子的自尊。

情绪化的孩子怎么教

下面是蛋糕店发生的一段对话：

妈妈问女儿："你想吃什么味道的蛋糕？"

"巧克力。"女儿回答说。

妈妈说："小孩子吃巧克力不好，吃草莓的好不好？"

"不，我要巧克力的！"女儿否定了妈妈的推荐。

妈妈说："草莓是水果，比巧克力有营养多了。"

"可是我不喜欢吃草莓。"孩子抗议着。

"那给你买个芒果的。"妈妈继续进逼。

"妈妈，我已经说过了，想吃巧克力的！"

"你真不听话！"妈妈说。

在对话过程中，妈妈一直都在否认女儿的感受、判断，试图将自己的想法强加在女儿头上。这样做，实质上是在表达："你的想法、你的选择、你的判断，都是错的。"表面上看起来，妈妈是在为女儿着想，实际上，她却对女儿的真实想法视而不见，有谁能比自己更清楚自己的感受呢？所以，作为父母，千万不要以爱的名义摧毁了孩子的感受！

只有多考虑孩子的感受，把孩子当成一个独立的个体来关爱和沟通，这样才能让孩子从内心接受父母的关爱，为了孩子的身心健康，要多考虑一下他们的年龄特点、心理需求，多征求一下他们的意见，让他们体会到理解的温暖。

让孩子感觉到"你在听"

生活中，很多父母都会犯下同样的错误。当知道孩子遇到问题的时候，有些父母不是说"怎么回事"，就是说"你怎么搞的"，接着，马上就会给孩子提出一大堆的建议。

其实，作为成年人，有时候也会遇到一些事情。尤其是在情绪比较激动、生气的时候，如果有人给你提建议，你也会很难听进去的，即使这个建议再好，你也不可能采纳。同样，这个道理对孩子们也适用。只有当孩子安静下来，情绪平静的时候，那些好的建议才能被听进去。

在孩子叙述事情的时候，如果家长能够给予及时的"嗯""啊"等简单的回应，会让孩子在不知不觉中，找到其中的原因，找到解决问题的办法。

孩子们心情不好的时候，思考问题的思路一般都不是很清晰。这时候，如果对他进行狂轰滥炸，他怎么会耐心地去思考呢？这时候，就需要学会用"嗯""啊"等简短的语言来回应孩子的感受。

反方案例：

小明放学回家，对妈妈说："我的钢笔又不见了，我觉得是被别人拿走了。"

妈妈问："不是你自己弄丢的吗??"

情绪化的孩子怎么教

小明回答说:"是啊,我去上厕所之前,钢笔还在桌子上,我就是忘了放回铅笔盒里,等我回来以后就不见了。"

妈妈说:"你怎么一点记性都没有?我早就跟你说过,要将自己的东西收好,怎么又把钢笔给弄丢了!"

正方案例:

小曦放学回家,对妈妈说:"我的钢笔又不见了,我觉得是被别人拿走了。"

妈妈淡淡地说:"嗯?怎么回事?"

小曦接着说:"课间,我去了厕所。当我回来的时候,原本放在桌上的钢笔就没有了。"

"哦,是这样啊。"妈妈用鼓励的目光看着孩子,示意他继续说下去。

"我已经吸取教训了,以后一定把东西收好,这样就不会再丢东西了。妈妈你可以再给我买一支钢笔吗?"

比较以上两个案例,我们可以知道,小曦的妈妈做得更好。如果像小明的妈妈那样,不信任孩子,武断说教,不仅会让自己生气、让孩子沮丧,而且也得不到好的效果。

跟孩子相处是有诀窍的。

第一,当孩子有了自己的想法,想向父母倾诉的时候,既不能光听不说,也不能大段说教,而是应该先安静下来,认真地倾听,同时,还要给予孩子简短的回应。

遥遥是家里的"开心果",每天都特别快乐,这天,爸爸回家之后，遥遥又特别高兴地跑来抱住爸爸的腿说："爸爸爸爸，喷泉特别好，特别特别好！"说完就快乐地跑开了。

爸爸一时摸不着头脑，在群里问了其他家长，才知道，今天幼儿园里的喷泉修好开放了，所以，回来之后遥遥看到人就说喷泉特别好。

过了一会，遥遥又跑来跟爸爸说："喷泉特别好！"

这次，爸爸问遥遥："喷泉是不是很大啊？"

遥遥说："是啊。"

爸爸又问："那小朋友们是不是都很喜欢看喷泉啊？"

遥遥说："我们班的小朋友都喜欢！"

"那明天你也带爸爸去看好吗？"

"好！"遥遥开心地说，随后，就再也没有提起喷泉的事。

生活中，孩子的求助往往能得到父母及时的回应，可是，其他的一些时候，孩子却很少得到回应。比如分享快乐的声音、交流爱的声音、亲近自然的声音，等等。

回应孩子可以保护孩子的热情，在听孩子述说的过程中，父母不仅要做个好听众，还要及时做出回应。

其次，要让孩子感觉到你在认真听。

妈妈带田田去姑姑家做客。田田今年6岁了，聪明伶俐、活泼可爱，很招人喜欢。

在姑姑家，田田跟小表弟豆豆玩了一会儿，两个孩子为了抢同一个玩具闹了不愉快，大人只好分别安慰，然后打开电视给他们看动画片。这时候，小表弟豆豆大喊："我要看《熊出没》！"田田则想看别的,两个孩子又不高兴了,让大人也不怎么愉快。吃完饭,田田的妈妈就匆匆带她回家了,回家的路上,妈妈跟田田说:"你今天犯了几个错误?"

田田痛快地回答说:"两个!不就是没有让着弟弟,跟他抢玩具还抢电视吗?"

"知道你还犯?"妈妈生气了,"犯错你还有理了?"

"我凭什么一定要让着他!来之前我就跟你说了我不想来,我不想跟豆豆玩,我最不喜欢看《熊出没》!"田田大叫着。

妈妈哑口无言,想了想,是啊!女儿是和自己提过,她不想来姑姑家,不喜欢跟豆豆玩,是自己没有把孩子的话放在心上。

相信这样的情况,在很多人家中都上演过。相信每一位父母都希望自己的孩子能够和自己进行良好的沟通,那就需要我们做父母的及时回应孩子的感受,让孩子知道你在听。在与孩子的聊天过程中,我们要更多地倾听,或者更多地去询问孩子,比如"怎么了?你能和妈妈详细说说事情的经过吗""嗯,接下来发生什么了呢""你是怎么想的呢"等等,这样能够鼓励孩子继续交谈并且让孩子感觉到你在关注他。我们不要去过多地发表自己的意见,因为很多时候孩子想要的就是我们的倾听,很多时候孩子想要与我们聊天,只是想表达自己的感受,并期望得到你的认同与鼓励。如果这时候你只是一味地给予他意见或者批判,只会让他厌倦,让他把自己的秘密埋在心里,不再与我们分享,那么我们也就很难再有机会知道孩子的所思所想了。

与孩子一起幻想未能实现的愿望

现在的孩子很会提要求，他们的想法往往天马行空，又习惯了什么都得到满足，一旦不满意就哇哇大哭，其实有的时候，可以通过其他方式来满足孩子的要求。

妈妈哄3岁的小明睡觉的时候，小明突然说："我想吃橘子。"妈妈说："今天橘子吃完了呀，我们吃香蕉好不好？"小明不依不饶非要吃橘子，眼看着就要哭起来。忽然间，妈妈想到书中教的一招："用幻想的方式满足他们在现实中不能实现的愿望。"

接着，妈妈跟儿子说："你很想吃橘子，是吗？"

儿子点点头，说："是的。"

"今天，天太晚了。明天妈妈就给你买大大的橘子。"妈妈一边说，一边伸出两只手比划着。

小明听了，便把双手向后一圈，说："我要这么大的橘子，好吗？又漂亮又好吃的橘子！"

"哦，那么大啊！好，明天妈妈就给你买那么大的橘子！"妈妈附和着。

听了妈妈的话，小明不再闹了。

其实小明并不是真的非要吃到什么不可，他只是想在睡前满足自己的要求,想让妈妈了解他的要求,而妈妈使用了跟孩子一起幻想这个方式满足了孩子。

这样可以让孩子明白"父母是了解他的愿望的"。当孩子知道父母可以体会到他的感受的时候,就能获得片刻的安慰,平静下来。

善于幻想的孩子往往会拥有更多的创造力,我们需要很多的想象力去完成更多的事情,保护孩子的想象力是很重要的。拥有想象力的孩子往往会有更丰富的精神世界。他们对于感情的感受力也会更加丰富,不要认为孩子的幻想世界是荒诞不经的,其实,这是帮助孩子实现自己愿望的一种良好途径。想象力是孩子智力发育的一个重要组成部分,想象力的培养和锻炼是非常重要的。为了实现孩子的愿望,可以多加留意幻想的方式。

那么,可以采用哪些幻想方式来实现孩子的愿望呢?

第一,巧用画画。

培养孩子想象力的过程中,画画可以起到重要的作用。因为画画会让他们的双手、双眼得到巧妙的配合。

画画有助于培养孩子的观察力和想象力。即使有时候画出来的东西凌乱不堪,但这也有助于他们想象力的培养。为了满足孩子的愿望,要多启发、引导孩子进行想象。

凯凯最爱看的动画片,就是《狮子王》。这天,看完《狮子王》之后,凯凯闷闷不乐地跟妈妈说:"妈妈,我想看狮子,你带我去看狮子好不好?"妈妈知道做不到,可是又不能这样告诉孩子,于是就说:"现在天都黑了,怎么去呢?"凯凯想了想,还是不甘心,就闹着要去,突然,妈妈的脑袋中出现了一个主意:"既然你这么喜欢狮子,那就先把它画下来吧。"

"画狮子？"凯凯看了妈妈一眼，

"对，画一头狮子。"妈妈说。

"可是，怎么画狮子呢？"凯凯又犹豫了。

"你可以发挥自己的想象力，想到什么样的狮子就画什么样的。"妈妈鼓励凯凯。

儿子很快便从书房中拿出了纸和画笔，全神贯注地画了起来。虽然和电视中的狮子有很大的差距，可是，孩子的愿望还是被满足了。

儿子看了《狮子王》之后，想去动物园看狮子。可是，当地的动物园根本就没有狮子，考虑到这一点，妈妈知道要想用现实的动物满足孩子的愿望是不可能实现了。可喜的是，这位妈妈是聪明的！她巧妙地利用了图画的效果，让儿子将自己头脑中的狮子形象画在了纸上。事实证明，以图画的方式激发孩子的想象，是可以让孩子获得片刻满足的。

第二，让孩子保持开心。

孩子的本性是爱玩的，在保证安全的前提下，父母可以以孩子的开心为前提，而不是在孩子的游戏里，加入太多成人的规则去束缚。

小路的生活挺有规律，早上必有一个小时的运动时段，只要时间一到，小路就吵着要出门。

某天下了雨，小路在家心不在焉地一会玩玩纸箱，一会儿玩画板，一会玩玩小汽车，看似忙碌，其实时不时往外望望天，想到外面的世界走一走。

不一会,雨停了,小路第一时间就觉察到了,他马上扔下玩具跑到阳台,进一步确认。

"爸爸,雨停了! 我想出去玩一下,可不可以呀?"

爸爸和小路一起下楼骑脚踏车,爸爸大声提醒他,碰到积水要绕过去,别弄湿了身。但小路想学习小猪佩奇踩泥坑,碰到一潭积水后,他不仅不刹车不绕行,反而加速从水面开过去,水花四溅。

一次还不过瘾,小路随后又掉转车头,在积水上来回转圈,一潭死水就这样搅活起来。小明一边转圈,一边自豪地说:"爸爸你看,我在水上画圈喔,圆不圆啊?"

路人都停下来看这对父子,有一位熟人说:"你儿子这么顽皮,你怎么不管?"

爸爸不以为然地说:"我说了不要他绕水坑,但他不在乎弄湿衣服,他那么有想象力,就由他去,让孩子开心最重要,当然他弄脏的衣服一会让他自己洗。"

这位爸爸的做法是明智的,开心是孩子想象力的前提,对于孩子在开心的状态下激发出来的想象力,要给予尊重和保护,而不是打击和否定。

第三,巧用玩具。

每个孩子都有很多不同种类的玩具,有时候不用买新玩具,用旧的玩具开发新的玩法也可以培养孩子的想象力。

小明和妈妈一起看电视,电视上有一个小孩住在很大的别墅里,小明突然说:"妈妈,如果我们能够住上那样的别墅该多好啊!"

妈妈和爸爸相视一笑:"是啊!"

第二天,小明独自在房间待了一个上午。妈妈非常好奇,去看他到底在做什么,打开门,只见小明正趴在地板上,摆弄一辆小汽车。地上散乱地扔了一堆玩具。

"小明,你在做什么?"妈妈凑过去,好奇地问。

"妈妈,我给咱们家盖了一幢别墅,你快看!我们家的别墅比昨天电视上看到的好多了,不仅有车库,而且还有自己的飞机场,更妙的是,我们还有自己的私家火车!"儿子兴奋地对妈妈说。

妈妈顺着儿子的手指看去,小明确实是用玩具拼搭了一个别墅的模型,虽然看起来比较抽象,不过,经儿子这么一说,妈妈还真看到了飞机场和私家火车。

为了给爸爸妈妈造一栋别墅,儿子将自己的玩具充分利用了起来。当妈妈看到儿子自己制造的别墅的时候,倍感欣慰。通过这件事,不仅让妈妈体会到了儿子对自己的爱,更主要的是让妈妈体会到了玩具的多功能性。

当孩子希望自己能够上太空的时候,可以给孩子一个火箭玩具或者是头盔,让孩子想象出自己做宇航员的景象;当孩子想当医生的时候,可以让洋娃娃当病人,让孩子体验给人看病的乐趣;如果孩子想为妈妈建房子,可以让孩子用积木搭一幢小房子。

通过幻想等方式来满足孩子的愿望,不仅可以提高孩子的想象力,还可以帮助孩子提高解决问题的能力,一举两得,何乐而不为呢?

善问、巧问、启发式提问

在我们教育孩子的过程中，发现了很多父母不仅不会跟孩子相处，也不会跟孩子聊天，不信，来看以下几个案例。

案例一

妈妈来幼儿园接孩子，回家路上，妈妈和孩子的对话：

妈妈："宝贝，你今天在幼儿园吃什么了？"

孩子："鸡蛋，香蕉、米饭……"

妈妈："那你今天学什么了呢？"

孩子："简笔画，我画了一只小青蛙，老师还表扬我了呢！"

妈妈："今天，有没有人欺负你？"

孩子："没有！"

案例二

另外一个小朋友放学路上跟妈妈的对话：

妈妈："你今天过得怎么样，有没有特别开心的事？"

孩子："今天我们做了老鹰抓小鸡的小游戏，很有意思，我们都开心极了。"

妈妈："有什么特别有趣的事吗？"

孩子："做游戏的时候，皮特不小心摔了一跤，我们都笑了。"

妈妈:"你今天有什么带回家的吗?"

孩子:"我今天画了一幅世界和平的图画,你回家可以看看。"

对比而言,第一位妈妈比较关注孩子的生活情况和学习情况,而第二位妈妈则把注意力更多地放在了孩子的情绪情感、兴趣和能力的培养上。

第一位妈妈的关心也是人之常情,但是,这样的提问方式会让孩子过多地关注自己的生活和学习过程,而将自己情绪情感的变化忽视掉。第二位妈妈的问话方式,更容易让孩子产生一种聊天的欲望,一旦有了表达的意愿,孩子就会对自己的所作所为有所思考,会对明天的生活产生向往。

第二位妈妈的提问方式,内容具体而明确,孩子知道如何回答。在这个过程中,孩子说得多,这对父母进一步了解孩子的学习情况、活动情况是很有帮助的。

现实生活中,父母有很多时间跟孩子沟通,如何利用好这些机会,多了解孩子,让孩子多表达自己,是非常重要的。所以,首先要学会如何向孩子提问。

爸爸新收到了一个快递纸盒,10岁的女儿很好奇,问纸盒里的东西是什么。爸爸悄悄撕下了纸盒上的快递单,将纸盒递到了女儿手里,问道:"你觉得这会是什么呢?"

女儿接过纸盒,上下左右看了看,又晃了晃,才说:"这东西不大,也不算沉,好像数量也不多。"

爸爸说:"没错,除此之外你还想到什么了?"

"嗯……"女儿又看了看纸盒说,"如果是今天寄到的,看您并

情绪化的孩子怎么教

不显得意外，估计是知道它会近几天到。我觉得……那最多也不过是一星期前发出来的东西。"

爸爸点点头："你说对了，这是三天前才发出来的。再想想，三天前发生过什么事情吗？"

女儿拍了拍纸盒，又托着下巴想了想才说："好像您说要找什么资料，您还上网查来着……啊！"

女儿忽然一声大叫，爸爸笑了："知道里面是什么了吗？"

"是书！三天前您说要买几本什么书，结果您直接上网订购的，对吗？"女儿兴奋地说。

爸爸笑着点点头，当着女儿的面拆开了包裹，三本崭新的书静静地躺在纸盒之中。女儿得意洋洋地说："我猜得没错吧？"

爸爸拍拍女儿的头说："没错！以后也要像这样多动脑筋啊！不过，你想想，你是不是可以直接向我要快递单？这样寄的什么东西不就一目了然了？"

"啊？"女儿张大嘴巴，"您把快递单撕掉了？让我猜得这么辛苦，爸爸耍赖！"说完，女儿笑着扑向了爸爸……

著名教育家陶行知说："智者问得巧，愚者问得笨。"好的提问不仅可以激发孩子的兴趣，更能激活他的思维。这位父亲从一个小小的快递纸盒就能引导女儿对一件事情的前因后果进行分析思考，他的提问就是有智慧的提问。这种开放式的提问，让女儿的思维在这样一件小事上得到了锻炼。

但看看生活中，我们很多人却更习惯问孩子"是不是""对不对"，这样孩子的答案就只有两种，肯定与否定。孩子的思考空间小了，他的选择余地也少了。再加上很多问题太过简单，孩子一眼就能看透，答案几乎就是显而易见的。如此一来，我们的提问就变得毫无意义了。

一位妈妈就有这样的烦恼：

我发现五岁的女儿不爱动脑思考，我总是用提问来引导她，可她就是不会动脑筋。上次她蹲在地上看蚂蚁，我原本想趁着这个机会好好引导她，让她编个小故事。结果，她什么都说不出来。

我问她："看小蚂蚁是不是在搬家呀？"

她说："是。"

我继续问："你想不想看小蚂蚁怎么搬家呀？"

她回答："想。"

我不死心："那我们应该跟着小蚂蚁一起走对不对？"

她点头："对。"

……

每次问她，她都回答一个字，我下面都不知道说什么了。看别人的孩子就能说出个一二三，编个小故事出来，可我这女儿，一个字一个字地往外蹦，我都怀疑她脑子是不是有问题了。

怎么会是孩子的脑子有问题呢？我们来看看这位妈妈问的问题，全都是简单的"是"或"不是"的选择题，孩子不过是做出了选择罢了。仔细想想看，孩子这样的回答也并不算错。这样的问题就是封闭式的，孩子的思维空间打不开，只能这样回答。

所以，我们要学会更好地向孩子提问，不妨试试开放式的问题。

开放式的问题没有现成的答案，或者说解决问题的思想与方法并不是唯一的。面对这样的问题，孩子需要尽可能多地思考，去设想所有可能的情况。这样的提问就会激发孩子的发散思维,他必须考虑得更多、更全面,他的想象力甚至是创造力就会得到相应的锻炼。

当我们学到了提问的技巧之后,如何有机搭配这些问题也是我们需要注意的。比如,看见一位孩子熟悉的阿姨,我们可以问他"这位阿姨是谁""她是做什么的?你怎么判断出来的"等,这样的提问就是判断性与分析性的问题相结合;还比如针对一幅小朋友托腮思考的画面来问孩子"他在想什么""你为什么这么认为呢"等,这样的提问就是让孩子通过推想与分析来思考;或者我们拿一样孩子没见过的东西,问他"你觉得这像什么?你怎么看出来的",这样的提问又是在刺激孩子的创造性思维与分析能力的发展。

不同的提问组合,可以让孩子的思考过程也变得丰富起来,使他不至于只进行单一思考。这样的思考也会促进孩子语言组织能力的提高。

孩子和同学打架,受到老师的处罚,情绪低落回到家,妈妈应该先问孩子八个问题。

第一个问题:"发生什么事情了?"不是习惯性地下结论,"一定是你先打他,他才会打你""一定是你做错事,老师才会处罚你",而是给孩子说话的机会。

第二个问题:"你的感受如何?"孩子一旦说出来,哭一哭,骂一骂,心情就会好多了,因为当一个人有情绪的时候,别人说什么他都听不进去,总要先给他的情绪一个出口。

第三个问题:"你想怎么样?"当孩子冷静之后,可以提这个问题,不管孩子说出什么惊人之语也不要急着教训他,而是冷静地观察。

第四个问题:"那你觉得有没有其他更好的办法？"这时,父母最好和孩子一起做脑力锻炼,想各种点子,合理的、不合理的、荒唐的、可爱的、恶心的、幼稚的……

第五个问题:"这些方法实施的后果将会怎样？"这时你会惊讶地发现,大部分孩子都明白事情的后果。如果他的认知尚有差距,可以跟他好好讨论而避免说教。

第六个问题:"你最后决定怎么做？"这时,父母可以帮孩子下决心。父母要尊重孩子的决定,即使他走错了,也可以从中学到更珍贵的教训,成人要言而有信,不能先问他怎么决定,又告诉他不可以这样决定。

第七个问题:"你希望我做什么？"表示支持的同时可以提出你自己的建议,但决定权还在孩子。

第八个问题:"结果怎么样？有没有如你所料？"或是"下次碰到相似情况,你会怎么选择？"让他有机会检视自己的判断。

既然是开放式的提问,既然答案不是唯一的,那么我们对孩子的答案就要抱有一种宽容的态度。也许孩子的答案并不是我们想听的,但我们不要刚一听就否定;也许他说出来的根本就是错的,可我们没必要训斥他的错误。对孩子的回答,我们要避免"挑三拣四"的情况出现,引导才是正确的做法。

当我们提问过后,要鼓励孩子发表自己的看法,要耐心听他讲完。如果他说得正确,我们可以夸奖他;如果他说得不很完全,我们可以通过继续发问来引导他进一步思考;如果他说的是错误的,那么我们同样可以用发问来将他带回到正确的思考方向上来。

我们对孩子的开放式提问,最终目的是要帮孩子开拓思维,帮他提高思考能力,千万不要为了得到我们想要的答案而扼杀孩子的想象力。

我们经常向孩子提问，那么孩子就会在不断的思考中慢慢变成一个头脑灵活的人。开放式提问不仅对孩子是一种锻炼，对我们来说同样是一种考验。我们要善于发现问题，更要将问题问得有智慧。如果我们的问题设计巧妙，那么孩子的思维就会跟着我们一起跳跃，最终他将学会自己灵活思考。

和孩子一边做事，一边谈心

亲子间的沟通，有人觉得很难，有人觉得很容易，其实，关键在于父母是否能够走进孩子的内心。如果你能让孩子向你打开心扉，那么沟通便不会有阻碍，而孩子其实很愿意向父母表达自己的心声，但是如果父母犯过一些错误，孩子可能不那么愿意向父母吐露心声，这时候就需要父母耐心地了解和关心孩子，了解孩子真实的想法。

不同年代的人，在价值观念、心理状态、生活习惯方面都存在着很大差异，这种"代沟现象"在很多家庭、很多人群中都存在，现在的独生子女与父母之间的这道沟似乎更深了。

王女士的儿子今年念初二，她发现孩子上初中以后和父母的话越来越少，多年来对孩子辛辛苦苦地不断付出、操劳，现在换来的却是孩子的冷漠、误解。孩子现在和家长很少在一起唠嗑，即使是在家人集中的吃饭时间，孩子也是闷头儿吃喝，家长问什么答什么，自己从来不主动说话，饭后回自己的房间一关门，有时一两个小时也不出来。

王女士感觉孩子和自己之间的话越来越少，可是和同学打电话却唠起来没头儿，总是有说不尽的话，说着说着还会开心地笑起来，让她这个当妈的非常羡慕。

家长会上，王女士跟孩子的同学家长沟通，每个家长都表示自己对孩子的付出太多太多了，现在的孩子比他们小的时候幸福多了，为什么现在的孩子反而对家长好像没什么感情。有个家长说，他有时和孩子唠起将来父母年龄大了的养老问题，孩子的回答很少有令家长满意的。有的孩子说现在都上敬老院，哪有用孩子养老的；有的孩子说，虽然父母有些行为不合格，但也会帮助父母安度晚年的；还有的孩子竟然认为父母生他养他就是为了给自己养老的……孩子们很少有从亲情出发，主动提出会好好赡养父母的。家长们悲叹，这种"尽义务式"的想法让家长对孩子未来的情感世界十分担忧。

其实孩子之所以不愿意和父母说话，主要还是在于父母和他的沟通方法有问题。随着孩子渐渐长大，掌握的人生知识越来越多，也越来越独立，如果父母不了解孩子的这种心理，以孩子还小为由，横加指责、严厉禁止，那么就会引起孩子的强烈不满。

孩子希望将自己的想法充分表达出来，希望能够自己掌控人生，但这些想法往往会与成人的认识发生矛盾，因而得不到肯定。一些缺乏耐性的孩子，为了发泄对成年人的不满，就会以反抗的手段来应对。

每个孩子都会经历三个年龄阶段的叛逆期,在叛逆期中,当父母让孩子去做某一件事的时候,孩子经常会以各种各样的理由加以拒绝,甚至有些孩子还会和大人对着干。这时候,如果父母想引出孩子的真实想法,就需要动一番脑筋了。

红红是小学五年级的学生,女孩子长大之后,就更爱臭美了,但是红红最近有点烦恼,因为她脸上,生有雀斑。

妈妈看出了女儿的心思,决定和女儿谈一谈。星期天,吃过午饭之后,妈妈将家中的相册拿了出来。

妈妈和女儿一起看相册,跟女儿说:"脸上长有雀斑是很正常的事情呢!你看,爷爷、姑姑的脸上不是也长有雀斑吗?可是,这却没有对他们的生活、工作产生任何的影响,不是吗?"

女儿点点头,因为,她知道爷爷是一位德高望重的老教师,而姑姑则是一位律师。

妈妈说:"爷爷的脸上虽然长有雀斑,可是,没有哪个学生因为这个而远离他,你难道没看见,每个星期天都会有爷爷的学生来看望他吗?你长得这么像姑姑,尤其是这几个小雀斑,这就说明,以后你一定会像姑姑一样优秀的。"

这次谈话之后,红红再也没有抱怨过自己的雀斑,反而还有点引以为荣呢!

爱美的女儿因为雀斑而烦恼,妈妈和女儿进行了面对面的交流。她们一边浏览家庭的照片,一边谈论关于雀斑的事情。当一本相册看完之后,女儿的问题也就解决了。

第四章
耐心倾听，搞明白孩子为什么闹情绪

有时候，父母发现了孩子的问题，会一本正经地把孩子叫到自己的面前，说"我们谈谈吧"或者"我们沟通一下吧"。这样的氛围下，很容易让孩子感到紧张，更不会将自己内心真实的想法说出来。

找一个轻松的环境跟孩子谈心，确实是一个不错的方法。在活动的选择上，可以多种多样，比如一边做家务一边谈天，一边等公交车一边谈天，一边锻炼身体一边谈天等，或者是在看电视的过程中，或者是在一次轻松的旅行中，任何轻松的环境都有助于使孩子毫无保留地将自己内心的想法说出来。

尤其是，父母只要扮演好自己的角色就可以了，千万不要无所不问，更不能在孩子吐露心声的时候对他们横加指责。

梅梅家庭条件不是很宽裕，她14岁了，每次，只要一看到其他小朋友换上了新衣服，她就非常羡慕。

这天，梅梅拿着几件旧衣服，坐到客厅里修改，被妈妈看到了，妈妈非常心疼，一把夺过女儿手中的针线："我来做！"

女儿说："你那么忙，还是我自己做吧。"

妈妈偏和女儿抢，结果女儿生气了："你做就你做，你这是干什么？"母女不欢而散。

妈妈大包大揽的做法，非常容易伤害到孩子，十几岁的女孩子，内心脆弱又敏感，她想要穿得更漂亮却又不能满足自己，而妈妈帮她改衣服，又不一定能合乎她的心意，所以拒绝了妈妈的帮助，此时，妈妈应该给女儿提一些参考意见，而不能把女儿还当成小孩子，轻易地干扰女儿。这样做，不仅会让孩子觉得不自由，从而产生叛逆的想法,还会剥夺他们锻炼的机会。不同的孩子,在思想观念、感情、情绪等方面都有不同的表现形式。谁了解孩子的心理,谁就会赢得孩子的心,也就会将孩子的真实想法引导出来;反之,就会出现顶撞现象,甚至还会遭到孩子的埋怨,最终费力不讨好。

当孩子表达出自己的意愿时,即便家长不认同,也绝不能马上"一棍子打死",在了解了孩子内心深处真实想法以及想法的缘由后,给予正确的引导才是上策;一味地否认和责备,只会给亲子关系带来困难。

第五章

尊重孩子，
平等的对话造就平和的情绪

　　回想你幼小的时候，最渴望的是什么呢？是"平等"，父母如果能够给孩子平等对话的环境，对于孩子的成长有着非同一般的意义。

给孩子争辩的权利

我们在与孩子相处的过程中，一定要听取他们的意见，尤其是当孩子对你的话有反对意见的时候，更要好好地听一下，这样做的好处主要有两个：其一，从孩子的争辩中，父母可以了解子女发生某种行为的背景、条件以及心理动机等，从而有针对性地进行教育；其二，让孩子争辩，也为父母树立了一面镜子。父母通过听取孩子的争辩，可以检验自己的教育方法是否得当，说法是否在理，如发现不妥之处可以及时调整。

孩子争辩的时候，往往是他们最得意、最认真的时候。这样做对他们的大脑发育是很有好处的。并且，允许孩子这样做，还可以提高他们各方面的能力，尤其是语言能力，这对他们将来的发展也会大有好处。

因此，父母应该允许孩子提出反对意见，这不是什么丢面子的事情。那种认为一旦允许孩子提意见，他就会不听话，不尊重长辈，让父母为难的想法是不正确的。孩子与父母争辩，对两代人都有好处。因此，父母要善于研究学习，让争辩发挥更大更好的作用。

当然，这其中还有要注意的地方，比如不允许他们胡搅蛮缠、随心所欲，而要讲道理。如果孩子违反规则，父母自然应该加以制止。值得提醒的是，父母是规则的制定者，所以在制定规则的时候要从实际出发，要合乎孩子的情况，合乎一般的道理，否则，这种争辩便是不合理的。

给孩子争辩的权利,对于许多父母来说,并不能轻易做到,这需要父母们摒弃自以为是、唯我是从、只准说是、不准说"不"的单向说教思维定式,换上尊重孩子、善于双向交流的思维方式。

心理学家经过调查,得出了这样的看法:真正能够同父母争辩的孩子,长大以后会比较自信、富有创造力并合群。德国心理学家安格利卡·法斯博士也证实,亲子之间的争辩"对于下一代来说,是走上成材之路的重要一步"。孩子与父母的争辩在孩子的成长历程中至少有以下两点益处:

第一,刺激孩子智力的发展。可以说,孩子勇于与父母争辩的直接原因是他们语言能力的进步和参与意识的觉醒。在争论时,孩子必然会根据自己对环境的观察分析,选择运用学到的词汇和表述方式,试图有条理地表达自己的看法,用以挑战父母。无疑,这有利于刺激孩子语言能力和智力的发展。

第二,帮助孩子形成意志。心理学家认为,争辩能帮助孩子变得自信和独立。在对抗中,孩子能够感觉到自己受到重视,知道怎样才能贯彻自己的意志。在与父母争辩后,如果一旦获得"胜利",他还会意识到"父母并非总是正确的",这无疑会获得一种快感和成就感,既有了估量自己能力的机会,同时也锻炼了意志力。

因此,家长应主动为孩子的争辩创造一种宽松、平等的氛围。在争辩的过程中,还应循循善诱、以理服人,不要一概认为孩子与父母争辩就是对长辈的不敬,最终,让孩子养成重平等、讲民主、以理服人的良好习惯。

放下身架，"蹲着"说话

许多父母坚持认为小孩子不懂事，就武断地把自己的意志强加给孩子。很多父母认为自己的话就是金科玉律，如果孩子反抗，就是孩子不听话。当然这也与中国五千年文化中的"以孝为先"有关，在中国家庭里，家长与孩子之间等级似乎很森严，父母和孩子没有共同语言，缺乏有效沟通。

比如有的家长过一段时间，就把孩子叫过来说："儿子，给爸爸说说你最近表现怎么样呀？"有的父母会说："儿子，过来给妈妈汇报汇报！"这完全是一种高高在上的口气。孩子这时候虽然来了，可内心会想："爸爸妈妈又要挑我的刺了。"下意识不愿意跟家长倾诉，于是，家长想听到的没听到，孩子想说的没说出口，交流进入一个恶性循环的"怪圈"！

很多家长在潜意识中拒绝接受与孩子平等，"我是你的妈妈，我不管你谁管你""我过的桥比你走的路还多"等想法已经在脑中根深蒂固，有的家长认为，跟孩子平等？开玩笑的吧？我是长辈，怎么会跟孩子平等。久而久之，孩子在大人面前总没有平等对话的机会，被动地接受父母的管束，有话不想说，有意见不敢提，就形成了一种习惯，父母不了解孩子，孩子不倾诉，互相不沟通。

为什么家长与孩子就不能像朋友一样平等相处、互尊互爱呢？就是因为有些家长与孩子平等对话的思想太少，而权威思想太多。

鲁迅说:"对于子女,义务思想须加多,而权利思想却大可切实核减,以准备改作幼者本位的道德。长者须是指导者、协商者,却不该是命令者。"

美国家庭教育专家史蒂文说:"成功的家庭教育,是家长舍得拿出时间与孩子在一起,以一种平等的态度与孩子交流,对孩子正确的想法和行为给予充分的肯定。"

妈妈开车带两个儿子出去。路上,妈妈一直在与大儿子说话,无意中发现小女儿在气呼呼地用脚踏前面的座位。妈妈马上转过头来问小女儿怎么了。

"你一直跟哥哥说话,都不理我!"

妈妈连忙道歉:"哦,宝贝,对不起,因为哥哥要去竞赛,所以妈妈就多叮嘱了他两句。好了,现在能不能告诉妈妈你想说些什么?"

"妈妈,我想听歌。"

"好的,妈妈放给你听。"

"妈妈,你真好。"

"这首歌好听吗?"

"嗯,这个小孩唱得真好,我长大了也要学唱歌。"

"好的,宝贝,只要你努力,一定也会唱得很棒!"

"妈妈,我们过会儿吃什么?"

"宝贝,你想吃什么呢?"

"嗯,让我想想。我想要一个汉堡,一杯果汁,再要一对鸡翅。"

"好的。看,前面不远处就有一个汉堡店,我们过会儿去那里买。"

"好的。谢谢妈妈。"

　　我也认真了解过,在很多美国人眼中,孩子是一个独立的个体,有自己的权利,有自己的尊严,作为父母,不管是说话还是做事,都要站在平等的位置上与孩子对话。他们儿时也正是这样成长的。

　　那么,我们应该如何与孩子进行平等的交流与对话呢?

　　关键在于父母要放低姿态,以平等的心态对待孩子,所谓平等的关键,第一步就在于,你跟孩子,是不是一样高?

　　研究表明,站得更高的人说话更容易让人产生敬畏感,但是缺乏亲和力,这放到教育孩子方面,也是一样,父母们的发号施令,就好像高高在上,站着跟幼小的孩子说话。所以,当自己的愿望与孩子的想法产生碰撞的时候,父母就会对孩子大失所望,然后强制孩子按自己的意愿行事。

　　所以,父母们首先要"蹲下来",蹲到和孩子一般高时再与其沟通,说话的口气也要注意,要像对待朋友那样去关爱孩子,才有可能让孩子感受到平等。

　　小朋的妈妈接到老师的电话,说儿子在学校跟同学打架了。经常去学校接孩子的小朋妈妈非常头疼,于是跟孩子爸爸说了这件事。爸爸在电话里叮嘱小朋妈妈:"你今天千万不要跟孩子发火,行吗?"

　　在去学校的路上,小朋妈妈一直在为自己做心理建设,在学校见到儿子之后,小朋妈妈没有发怒,而是平静地将儿子带回了家。

　　回家之后,妈妈也没有大发雷霆,而是耐心地帮儿子在伤口上贴上创可贴,并且像往常一样下厨为儿子做了可口的饭菜。当儿子吃着饭菜时,妈妈才开口述说,述说自己是如何担心儿子,自己是如何盼望儿子好好学习,不要调皮捣蛋了。听着听着,儿子哭着扑进妈妈怀里,说自己错了,对不起妈妈,以后再也不打架了,再也不让妈妈担心了。

小朋妈妈改变了以往大发雷霆的做法,而是以平等的态度跟孩子沟通,使孩子能感受到母亲对他人格的尊重,感受到地位上的平等,就收到了非常惊喜的效果,这就是平等对话的价值。

孩子本身就是一个独立的个体,有自己的思想,自己的人格和尊严,他们希望父母能够给予他们尊重和平等。父母只有和孩子站在同一水平线上,孩子才有可能感受到平等。

"蹲下来"平等地和孩子说话,会促使孩子认真地听你说话,这一点非常重要。倘若你在说话,而他听不进去,那么即使你说得再多,道理再正确,又有什么用呢?

与孩子平等相处时,还有一个重要的改变,就是孩子愿意把他的真实想法告诉你——我们都知道,孩子喜欢把心里话对自己的朋友说,却不愿与父母说,因为朋友之间是平等的。"蹲下来",这一步很关键,因为不管孩子的想法对还是不对、有无道理,你只有在了解了孩子的真实想法之后,才可能有的放矢地教育孩子。

父母想要以平等、尊重的态度同孩子进行沟通和交流,还有没有什么要注意的呢?以下是一些教育专家的意见,不妨试试。

(1)控制自己的情绪。

父母放下姿态和孩子平等对话,非常忌讳的一点就是忘记了自己的出发点,又把高高在上的那一套拿了出来,以至于前功尽弃,所以,父母要控制情绪,保持平等心态。

(2)不要太啰嗦。

有的父母,不由自主地就开始唠叨,常见的开场白就是"当我和你一样年纪的时候",绝大多数的孩子对父母的这种表演评论说:"这种说教式的谈话,我们不喜欢。"其效果可想而知。

(3)拿出真心来。

拿出你的真心来跟孩子平等对话,孩子一定可以感受得到,反之,如果你内心是虚伪的"假"的平等,孩子也会感受到。

(4)尊重孩子。

在家里讨论其他问题时,也可以让孩子参与一下。不管最后是否采纳了他的意见,也让他感受他自己在家庭中的重要性,是家庭一员。这样可以让孩子感受到尊重,促进孩子的成长。

总之,父母"蹲下来"和孩子说话,可以增强孩子的独立意识。这不仅仅是一种行为的表现,也是一种教育观的体现。只有把孩子看作是平等的独立的个体才能更好地和孩子沟通。

父母只有平视孩子,才能获得和孩子真正交流的机会,才能真正明白孩子心中所想以及他们行为的真正动机。

尊重孩子的兴趣爱好

美国教育家斯宾塞说过："身为父母，千万不能太看重孩子的考试分数，而应该注重孩子思维能力、学习方法的培养，尽量留住孩子最宝贵的兴趣与好奇心。绝对不能用考试分数去判断一个孩子的优劣，更不能让孩子有以此为荣辱的意识。"

"人各有志。"每个孩子都有各自的兴趣与喜爱，家长不能勉强，也不应勉强。人们常说的"萝卜白菜，各有所爱"，强调的就是个人的兴趣爱好是不同的。

大多数父母明白这个道理，但一旦牵扯到孩子，有的父母就会忽视这一点。很多人不愿承认孩子也有自己独特的兴趣与爱好。生活中总有许多父母无视孩子自己的兴趣和爱好，却把自己想要孩子具备的"兴趣"强加在孩子身上，结果必然会束缚孩子的发展。作为父母，对孩子的期望比较高是可以理解的，但是如果给孩子太大的压力，因而让孩子不堪重负，就太遗憾了。

孩子的发展应当是全面的。父母培养孩子首先要发现孩子的特长与爱好，不能使每一个孩子都变成一个学习的机器，应当使他得到全面的发展。只要孩子的兴趣爱好不是负面的，我们就要加以鼓励和保护，并且要尊重孩子的兴趣。"兴趣是最好的老师"，兴趣爱好是引导孩子获取知识、培养能力、开发智力的有利条件。

情绪化的孩子怎么教

西晋时，左思的父亲左熹一心想让儿子学书法，还花了重金聘请名家指导。可左思不感兴趣，学无所成。左熹又让儿子学琴，结果学了很长时间竟弹不出一支像样的曲子。这时左熹才明白尊重孩子特点的重要性，于是他根据儿子性格内向、记忆力好，对文学有特殊偏好的特点，因材施教，让儿子学赋诗。左思如鱼得水、进步神速，不出几年，写得一手漂亮文章，最终成为西晋著名的文学家。

明代大医学家李时珍的父亲李言参加科举考试屡次失败，于是将入仕的希望寄托在李时珍的身上，而李时珍对八股文不感兴趣，但对医学特别酷爱。可是在"父权"时代，儿子只好从命，攻读八股文，结果三次参加科举考试都不中。李时珍感到自己再也不能虚度光阴，便说服父亲同意他弃文从医，后来终于成为举世闻名的医学家。

如何尊重孩子的个人兴趣呢？很多父母都不知道该如何去做，可以参照以下几点：

(1)承认孩子有自己的权利。

首先，父母要承认孩子可以有自己的兴趣和爱好。每个孩子都有自己的权利，父母不应该随便干涉。

(2) 尊重孩子的兴趣爱好。

现在社会是百花齐放的情况，三百六十行，行行出状元，而且，孩子的兴趣并不是一成不变的，所以父母不妨先尊重孩子。当然，在承认与尊重的前提下，父母还可以进行适当的引导，培养孩子高尚的趣味和情操。

(3) 不要干涉孩子的选择。

我们常常看到，孩子希望学跳舞，父母却让孩子学钢琴，或者是孩子想学跆拳道之类，父母却觉得不好；或者是孩子什么都不想学，父母却强迫孩子学习各种才艺。这都是对孩子兴趣爱好的抹杀和干涉，任何干涉都会破坏孩子以后学习的信心和欲望。

除了爱好之外，一个孩子的想法和意愿，也应该得到父母的尊重，而孩子的理想和追求，更应得到父母的尊重。

当然，这其中还要注意一个问题：不要在孩子建立理想的初期给孩子太多的压力，这样很容易打击孩子的积极性，使孩子被迫放弃自己的理想。孩子刚刚开始学钢琴，就逼迫孩子每天坚持练琴太久是不对的，正确的做法是鼓励孩子树立理想，并为理想而努力。

树立理想的过程就好像种树，最开始只是孩子的一个初步设想，在它萌发之初，需要精心呵护，不理不睬的态度是错误的，急于求成、揠苗助长的做法更不对。父母真正的支持应该建立在对孩子的理解以及尊重的基础之上，以现实为前提，进行适当的启发和诱导，这里所说的启发和诱导不是命令和要求。比如，当孩子提出以后想当歌星时，家长可以这样说："当歌星也很好啊。孩子，你觉得大明星能得到人们的欢迎，需要付出多少努力呢？"启发孩子自己去思索，这样孩子才能对自己的理想有一个更深的认识。

总之，孩子的理想之苗，只有在父母的培养扶持和细心浇灌之下，才能长成参天大树。

与其唠叨，不如问到点子上

在家庭教育中，有一种常见的现象：妈妈对孩子不断地叮嘱，不断地提醒，不断地督促。这种把嘴巴紧紧"叮"在孩子身上的情况，在家庭生活中特别普遍。孩子需要父母的指导，但不喜欢父母的唠叨。那么，指导与唠叨有什么不同呢？

首先，指导是亲切的，是言简意赅的；唠叨则往往会有责怪、警告的成分。

其次，指导是一种促进，是引而不发，鼓励孩子独立处理问题；而唠叨常对孩子表现出不尊重和不信任。

再者，指导的后果是孩子情绪稳定，心情愉快；而唠叨则是反复的单调刺激，使孩子厌倦、反感、苦闷。唠叨的结果会导致儿童产生行为惰性，你不说几次，孩子就不会去做。这种恶性循环，还会导致子女独立自主的积极个性被破坏。

一个人唠叨，首先是自己不相信自己，对自己讲出去的话，做了的事，由于不放心才会一次又一次地重复。再就是，软弱和紧张型的人特别容易唠叨。

那么，父母怎样避免对孩子唠叨呢？

第一，不要信口开河。比如说规定孩子做好作业再开饭，但有的父母话虽讲出去了，可心里又怕孩子肚子饿，就没事找事地说"你饿不饿""快做快做，饭都凉了。你还想不想吃饭"诸如此类自相矛盾的话,反映了自己感情的软弱,说话不算数,没有威望。克服唠叨,首先在对孩子讲话前要经过一番理智过滤,不能信口开河。

第二,不要强行命令。多和孩子讲悄悄话,家庭语言的低声调是父母与子女关系和谐的一个重要因素。如果让孩子做什么事,可以用亲切的语言在他的身边轻轻地告诉他,尤其对幼小的孩子,这既是命令,又是感情的信任,悄悄一句话比大声呵斥的作用大得多。

第三,不要事事叮嘱。可以说,家长对孩子讲的话虽然多,但许多都没有讲到点子上。事无巨细,都反复强调叮嘱搞得家庭上下不得安宁,大人为孩子不听话而气愤,孩子在繁杂的语言环境里定不下心来做功课,结果会适得其反。

可靠的方法是:围绕家中大事、要事与子女做出明确分工,提出具体要求,让他们独立活动。坚持定期检查,及时表扬成绩,纠正不足。一些小事,应该做到忽略不计,因为孩子思想还不够成熟,过多指责会使孩子无所适从。

不唠叨,并不意味着就放弃对孩子的说服教育,避免无谓唠叨的要点有:

第一,抓大放小。孩子的世界里有些事情也许并没有成人想象的那么严重。有些小事父母可以放手让他自己去做,父母应当学会把最主要的精力放在重要的事情上,比如孩子的人生态度、价值观、未来志向、学习习惯、学习方法等等,这样一来,不但家长自己轻松了许多,孩子也会自然与你更亲近,也自然更听你的话。

第二,学会等待。有些父母希望自己说一句话,孩子马上就言听计从;自己提出一个目标,希望孩子一下子就能达到。可是孩子只是孩子,家长们必须要学会等待,要克制情绪,给孩子一些时间,允许孩子犯错。孩子的成长是需要一个过程的,不管是生活自理能力的提高,良好习惯的养成,还是文化知识的积累,都需要时间,而且这个时间不会因为有家长的唠叨而缩短。

第三,话只说一遍。话说得越少的时候,就越有分量。父母如果想让孩子做什么事,应当选择恰当的时机,严肃认真地告诉孩子。明白地告诉孩子:"你听好了,这话妈妈只说一遍。"在对孩子说的时候,一定要有重点,要有沟通,要尊重孩子,说完就好,不要重复太多次。

第四,就事论事。有些家长酷爱"翻旧账",孩子一旦犯错,就把孩子的种种"恶行"全部数落一遍,越说越来气,越来气就会说得越多。其实,孩子犯错是正常的,每个孩子就是在不断地改正错误的过程中成长起来的。对于孩子犯的错误,家长应当就事论事,联想太丰富了只能让孩子觉得你太烦人、太唠叨。

以暴制暴,只会激化矛盾

我们曾经做过调查,有暴力倾向的人,大多在童年和父母之间有着不愉快的经历,所以充满暴力的父母,对于孩子心理的健康成长有着不利的影响。

小明是个特别调皮的孩子。这天,妈妈出门买菜,他和爸爸独自在家。爸爸在看电视,他就拿着爸爸的手机玩。爸爸说:"手机不能给你玩。"小明不愿意,还是要拿爸爸的手机,又解不开锁,一不小心,就把手机摔到了地上,爸爸一气之下就打了小明一巴掌。

小明就吓哭了,爸爸一看手机屏幕已经碎了一个角,小明哭得更让他烦躁,就踢了小明一脚,小明更害怕了,头也不回地跑出了家。爸爸更生气,对着小明吼:"出去了就再也不要回来。"

其实,孩子犯了错有了过失,他自己已完全认识到了,父母不体会孩子的心情,只凭自己的怒气发挥出来,不仅起不到教育孩子认识错误的目的,反而伤了孩子的心,甚至引起反抗情绪。

孩子当然不想离家出走,可在爸爸的怒喝下,孩子可能会被迫离家出走。

孩子离家出走的情况屡有发生。可是在许多情况下,孩子是被父母的话逼出家门的。在任何情况下,父母都不应该用赶出家门来要挟子女,迫其改过。孩子有错,应该明确指出,即使在批评孩子的时候,也应该让他感受到父母的爱,从而产生自强、自信、向上的力量。

有些父母,尤其是父亲以为以暴制暴能够有效地制止孩子在外面闯祸,其实这恰恰是给孩子树立了一个坏榜样。父母是孩子学习的榜样,这样的方式让孩子以为暴力可以解决问题,造成的后果会非常严重。

听到自己的孩子动手打人,父母必定会非常紧张,认为这种暴力行为是必须要立即制止的。制止是正确的,但是,不能没有搞清楚事情的来龙去脉,就破口大骂孩子,而是应该首先保持内心平和,跟孩子说:"我知道你也不想打人的,你只是很生气又不知道该怎么办。"首先表示明白孩子的感受,然后告诉孩子:"绝对不可以动手打人。"说明反对这种野蛮的行为,再给孩子冷静的空间进行思考,平复激动的情绪。

在孩子冷静下来之后,要了解事情的真相,引导孩子说出原因,再想出处理的方法。爸爸妈妈不妨用"刚才发生了什么事""是什么让你这么生气"等引导孩子讲出事实。

让孩子说出具体事情,再告诉孩子应该怎样去处理才是正确的;或者与孩子探讨,打架是否可以解决问题。

小勇又被请家长了,原因是他总使用不文明语言,对同学口出恶言。在办公室,小勇爸爸连连表示:"好好好,我一定好好教育他。"刚出办公室的门,就破口大骂:"你这个臭小子!再骂人我就打死你!"

试想一下,如果你看到别人家的孩子满口污言秽语,第一反应是："这个孩子没有家教。"事实的确如此，孩子的语言习惯，多来自父母，我们有个成语是"言传身教"，即是如此，父母要想教育孩子不骂人，自己首先要戒除骂人的恶习，然后再冷静下来，告诉孩子不利的影响。因为孩子可能曾经被人以粗话责骂，虽然不明白其中意思，但他可以从别人的态度和表情中，猜想到那是感到愤怒时应该说的话。于是，当自己生气时，不知不觉便说出来了。

当父母听到孩子说粗话时，还会担心孩子是否学坏了？与其各种猜测，不如平心静气地询问孩子，了解孩子到底由何处学到这种话，是无意中听到别人说自己也跟着说，还是从孩子的朋友中学到的？

孩子经常使用的语言毫无疑问是学来的，这可能来自周围的成人，或者同龄伙伴，甚至可能是影视剧或者是网络上。他们起初也许是觉得好玩，才会去模仿，小孩子一开始的粗口大多属于无意识的学习。父母应帮助孩子纠正恶习，而非指责。单是斥责，是没法让孩子学习到正确做法的，不妨教孩子其他的宣泄愤怒情绪的方法。

对于孩子的口出恶言，家长可以参考以下方法：

(1)细心了解，分析孩子粗话的由来及其心理动态，然后针对不同情况，采取不同措施。

(2)不加理睬，不要因此而大惊小怪，使孩子感觉到引起了别人的注意，如果孩子因此而自动减少骂人行为，即可就此忘记这件事，再找其他的机会教育孩子。千万不可重复唠叨，以免反而强化其不良行为。

(3)不能对孩子进行训斥或恐吓，更不能打骂，要给孩子讲明道理。让孩子明白不应该讲粗话，尽量防止孩子形成不良习惯。

善用幽默，保护孩子的自尊心

父母对孩子说话的态度可以尝试多种多样的方式，虽然总的说来，大概有疾言厉色、心平气和、风趣幽默三种。无论哪种态度，都离不开生活理念的灌输，不同的形式产生的效果也会大不相同。

疾言厉色的话可以短暂地威慑孩子，但容易让孩子产生逆反心理；心平气和式的态度能最大限度上使孩子体会到自己与父母在人格上的平等，但长此以往，也无法产生好的教育效果；而风趣幽默的态度最接近的则是孩子活泼的天性，因此更能接近孩子的内心，使孩子产生认同感。

在教育孩子时，父母如果能经常"寓教于乐"，再顽皮、再固执的孩子也会转变的。幽默表面上只是一种说话态度，实际上它贯穿的是一种乐观精神，一种坚信"明天会更好"的执着，反映了教育的人文本质。尤其是当孩子处于青春期时，逆反心理会加重，如果此时家长采取幽默风趣的说话方式，既保护其自尊心，又达到教育效果，自然容易被孩子接受。

张晓鑫15岁了。她有了自己的偶像，也疯狂迷恋偶像唱的歌，每天晚上都听到很晚。这天她又是这样，妈妈非常生气，催她睡觉催了好多次，晓鑫还是无动于衷。妈妈生气地要去斥责她，此时，爸爸劝阻了妈妈，敲了她房间的门，对女儿说："你能把音响借给我们用一下吗？"

"你们也想听音乐？"张晓鑫问道。

"不，我们想睡觉！"爸爸回答。

晓鑫听后笑了起来，立刻意识到自己影响了父母休息，面带愧色地关上音响，上床睡觉了。

试想，如果妈妈去斥责孩子，可能会产生一场冲突，孩子虽然会照做，但是难免会带着不开心的情绪去睡觉，但是爸爸幽默的话语避免了冲突，又让孩子经过自我反思受到了教育。

幽默地与孩子沟通是良好的方式，能使父母的教育化为无形，更有效地传递给孩子。

相信学会幽默的父母一定可以巧妙地化解很多与孩子之间的冲突和僵局。幽默会带来快乐，使人从痛苦的情绪中解脱出来；幽默可以帮助人们把沮丧变成欢笑，若能笑谈那些看来似乎很严重的事情，那么就可以将幽默的力量发挥到极致。在孩子成长路上，必定会经历许多挫折，如果父母能以轻松的态度去看待，以幽默的方式去面对，孩子必定会被乐观而积极的情绪所感染。

父母还要注意，坚决避免用尖酸刻薄的话语来嘲讽孩子，而要诚心诚意地用来化解尴尬，千万不要伤害孩子的自尊心，尤其在孩子的敏感期，要防止弄巧成拙。

有幽默感的父母不会偏执固执，凡事都会给孩子给自己预留空间，也会比较有承受力，不会大惊小怪。有幽默感的父母，能给孩子独立处理问题的空间，让孩子有改过自新的勇气。

第六章

控制情绪，
宽容地对待孩子的缺点

　　世界上从来没有十全十美的人，更何况是懵懂的孩子。对于一个孩子来说，那些所谓的优点和缺点往往是辩证的，有的看起来是缺点，实质上却有着变为优点的潜能；现在的缺点，也许会成为将来的优点。

分析孩子说谎的原因

当父母发现孩子在骗自己时,都会感到十分痛心和生气。这时候,家长经常会发脾气,大声呵斥甚至打骂孩子。

实际上,孩子说谎不一定是存心想骗别人。造成孩子说出的事情和事实不符的原因是多种多样的,所以,父母发现孩子在骗人时,应该冷静地分析一下孩子说谎的原因,然后再采取相应的教育措施,才会收到良好的效果。

凯凯从小就特别调皮,亲朋好友都知道,但是父母一直都觉得调皮的孩子聪明,对凯凯一直比较宽容。有一天,凯凯的父母约几个朋友一起去看刚装修好的新房子。朋友们从房子的装修风格夸到主人的个人素养,气氛特别热烈,大家都很开心,孩子们也玩得很开心,只是大人没发现,小家伙们拿着彩笔在房间洁白的墙壁上画了一个"帅气"的蜘蛛侠。

当凯凯的父母发现墙壁上的涂鸦的时候,生气地问:"谁干的?"还盯着凯凯,5岁的凯凯被吓得不知所措,惶恐地说:"不是我,是小亮干的。"说着噘着嘴巴,还装作气呼呼的样子,用手指着站在旁边的邻居家的孩子。

凯凯妈妈就问小亮:"亮亮,是你画的吗?"小亮委屈地说:"阿姨,不是我,真的不是我。是凯凯画的。"说着流下了眼泪。

凯凯妈妈心想:"难道是孩子在撒谎吗?"

面对这样的情景,凯凯妈妈稳定了一下情绪,想了想,温和地对小亮说:"孩子别哭,是阿姨太凶了,我知道,一定不是你画的,阿姨不会冤枉你!来,我们参观一下。这是谁的杰作呀?画得这么逼真,还真像电影里面的蜘蛛侠呢!"此时,朋友们也配合凯凯妈妈说:"是啊,是啊!听说现在很流行的装修风格就叫墙壁绘画,你们这是在哪请的大画家呀?"

因为做了坏事害怕被责骂的凯凯,此时脸上露出了骄傲的表情,说:"妈妈,你真的喜欢这幅画吗?"

"是的,真的很喜欢,要是再填充一下颜色就会更好看了。"

"妈妈,你还不知道吧,这幅画是我画的!"凯凯这才承认。

凯凯妈妈这才拍了拍孩子的脑袋说:"虽然你画得很漂亮,可是涂在墙上还是不好的。"

凯凯说:"妈妈你真的不怪我了吗?

"妈妈一直都没有怪你,知错就改,还是好孩子。以后要一人做事一人当,敢于承认错误,不能说谎,知道吗?"

凯凯听了,惭愧地低下了头,咬着嘴唇说:"妈妈,我知道了。我就是害怕妈妈打我才说谎的。"

这是一个值得称赞的妈妈,即使是在盛怒之下,凯凯妈妈还是睿智地解决了这个大问题。比起孩子学会说谎乃至养成说谎的习惯,一面墙壁真的不算什么。这样的应对不但让孩子主动承认错误,还利用这件小事给自己的孩子上了有意义的一课。

每个谎言的产生都是有原因的,每个孩子最开始说第一个谎言也是来自各种各样的压力。比如来自父母,来自老师,甚至来自于同学们互相竞争形成的压力。没有哪个孩子天生就会撒谎,当家长批评孩子说谎的时候,先反思一下自己的行为,也许能找到更有效的解决办法。

其实,孩子说谎并非大人眼中的"道德"问题,切勿盲目批评,否则,真的可能会把孩子推上"说谎"之路。

说谎的孩子一般分为几个类型:

第一种,幻想型说谎的孩子。

4岁的成成不愿上幼儿园了,只要一靠近幼儿园大门,他就哭闹不停,还说里面有大老虎。

"怎么会有老虎?"成成妈妈觉得儿子不但不爱学习还说谎,就严厉地批评了孩子,但成成一个上午都哭闹不停,一会说害怕一会说有大老虎。老师觉得成成不像是在"说谎",后来,仔细查找发现,一个小朋友穿了件小老虎的外衣,这就是成成口中的"老虎"。

每个孩子在成长过程中都会遇到很多敏感期。当孩子处于想象敏感期时,会把书上、电视上、故事中或者以前经历中的事情和现实混淆,分不清现实和幻想。当成成看到老虎外衣时,就感受到害怕,觉得幼儿园里有老虎,于是出现了幻想型说谎,并不是有意说谎。越是年龄小,想象力、创造力丰富的孩子,越容易发生这种情况。

遇到类似情况,家长不能断然说孩子说谎,这样会扼杀孩子的想象力;应当仔细告诉孩子什么是现实,什么是想象,让他逐渐把现实和想象区分开来;同时,教孩子表达自己的想象,比如"我想"

"我希望"。

第二种,攀比型说谎的孩子。

有两个孩子在一起玩,一个说:"我妈妈带我去过香港!"另外一个小朋友说:"我爸爸带我去过美国!"第一个小朋友想了想,说:"我爸爸说要带我去月球!"

这是典型的由于攀比心理而导致的说谎。这也是无意撒谎,只是为了满足自己的虚荣心。同样,孩子会为了取悦父母、老师,赢得表扬而撒谎,这也是为了满足自己受人关注、表扬的心理需求。

遇到这样的情况,家长要给予孩子更多的关注和赞扬,满足孩子对于关注的心理需求;此外,父母要以身作则,严格要求自己,不在孩子面前吹牛,也不要当着孩子的面吹牛,尤其是对孩子的承诺要认真履行,失约后要认真对孩子道歉,并积极改正。

第三种,逃避型说谎的孩子。

乐乐妈妈去幼儿园接孩子的时候,看到孩子出门的时候不小心把水杯碰到地上摔坏了,但是孩子拿着坏了的水杯回家之后,却跟妈妈说,是别的小朋友把水杯摔坏的。

这就是害怕承担责任而说谎的情况,这在年龄稍大的孩子中普遍存在。对于逃避责任的孩子,父母应明确态度,告诉孩子诚实最重要,鼓励他们说出真相;当孩子承认错误之后,不要责怪他,要教他以后遇到此类问题时的正确处理方法。这样既能培养孩子的自理能力,以后不再犯类似的错,也能防止孩子因害怕被批评而说谎。如果父母不引导,而是一味批评,就会形成恶性循环,导致孩子面不改色地随意说谎。

多用"良言",禁用"恶语"

我们常说"祸从口出",父母随意说出来的一句话,可能会对孩子的心灵产生重大的影响。

同样的意思,如果表达得当,可能让孩子更加乐于合作、更加自信,如果表达不当则可能令他们感到挫败和失去信心。

因此,父母应当注意自己的语言,不要让自己的语言伤害孩子。比起那些我们都知道的抢劫、勒索、欺负、性侵害以及被父母或教师体罚这些伤害来说,孩子们更怕的却是"语言伤害"。毕竟恶性事件是低概率事件,"语言伤害"却是多发的。一项国内的专项调查披露:81.45%的被访孩子认为家庭 "语言伤害" 是最急需解决的问题。

曾经被"语言伤害"的孩子在心灵会有不同程度的扭曲,即使成年之后也会出现较多的行为障碍和个性弱点, 难以适应社会。为了孩子健康成长,请各位父母对不良语言的严重后果予以高度关注,不要以为区区几句话说完了,孩子就忘了,事实上,"口出恶言"会对孩子造成非常大的心理伤害。

我们都知道对心灵的伤害更甚于对肉体的伤害。父母作为孩子的启蒙老师和"最亲近的朋友"，切不可成为这样的伤害者，让孩子感觉"最亲近我的人却伤我最深"，因而疏远、躲避父母。

程城非常喜欢恐龙，每次看到恐龙就走不动路。这天，他又要妈妈给他买商店里的恐龙。妈妈说："家里已经有很多很多的恐龙了，你怎么还要买？"

程城说："就要买！"

妈妈生气地说："你这个小孩，怎么这样贪得无厌！"

这时，程城一下就躺在地上要起赖来："我就要，现在就要！"程城妈妈一气之下就独自走了出去。

在外面站了一会儿，程城还没有出来。程城妈妈没有办法，走进去对程城说："我知道你很伤心，很生气，我为我刚才那句话跟你道歉，另外我有个好主意，你愿意试试吗？"

程城不解地看着妈妈，停止了哭泣。

妈妈说："你想要恐龙，可我不愿意给你买。因为我们家里已经有很多恐龙了，我们可以问一下商店的叔叔阿姨们，看看他们愿不愿意把它作为礼物送给你。"

于是，程城高高兴兴地问售货员是否愿意"送礼"，当然了，不仅这家商店的店员不肯，两人走了四家商店都碰了钉子，到了第五家，程城说："那不买了吧，我还是回家看家里的恐龙吧。"

很多孩子都会在某个阶段出现就地撒泼打滚哭闹的情况，大多数父母都会说"你不应该吵闹""不许哭"，而程城妈妈选择了"商议"的办法，从而解决了孩子哭闹的问题。父母应该尊重孩子的情感,允许他们表达,并且邀请孩子一起提供一个解决方案来满足他的需求,以避免对孩子造成伤害。

由此可见,父母要避免对孩子的"语言伤害",可以参考以下建议。

首先,要充分认识到"语言伤害"的严重程度,要严格要求自己杜绝这样的行为。

其次,要尝试采用积极性语言与孩子沟通,时时刻刻注意不对孩子说伤害他们的话,这要求父母在任何时候都要保持理智,控制好自己的情绪。

再次,每次忍不住要批评孩子的时候,要用正面的语言去跟孩子沟通,比如"我相信你可以做得更好";鼓励孩子有更努力的动机,用"没关系,慢慢来,尽力而为",帮助孩子调整焦虑、紧张的情绪,等等。

最后,把自己的心态摆正,以平常心看待自己的孩子,不要盲目与他人攀比,避免说出诸如"你怎么越大越……""你都这么大的人了,竟然还……""你怎么就不能像某某那样呢""我刚才是怎么跟你说的"之类的话。这些话语都会伤害孩子的自尊,进而影响他们的心理健康。

那么,已经习惯为孩子贴负面标签的父母要如何改变自己的语言呢?

如果你已经伤害了孩子,请你先用"拥抱治疗法"来消除孩子心中的阴影,同时为你们的亲子沟通建立通畅的沟通渠道。

(1)紧紧拥抱孩子,首先为自己给孩子带来的无意识伤害真诚地道歉。"妈妈知道错了,妈妈向宝宝道歉,希望宝宝可以接受妈妈的道歉。"同时表达自己对孩子的赞赏:"宝贝,对不起!妈妈不应该说你胆小，妈妈知道你是个很坚强、勇敢的孩子。"还要明确告诉孩子："无论你做了什么，你都是妈妈的好宝宝，妈妈都无条件地爱你。"这时，要调整引导的方向。应该说"宝贝，妈妈很喜欢你勇敢自信的样子，真可爱"，而不是"你再这样我就不喜欢你了"。

(2)学会使用反义词。使用"正面语言"，把所有负面的词汇都从词典里拿走。比如把"胆小"换成"大胆些""勇敢点"，把"依赖"换成"独立"，把"懦弱"换成"坚强"，把"脾气大"换成"宝贝，慢点！放松！"或"嘘，小声点说！妈妈愿意听"，把"贪玩"换成"游戏的时间到了，宝贝我们现在来讲故事了"，把"你很任性、倔强"换成"亲爱的孩子，妈妈爱你，愿意跟你一起来看看是什么原因让宝宝不开心呢"。

(3)先肯定孩子，再提出要求或者是鼓励的语言。比如"再坚持一会，宝贝，你可以的""宝贝，你再专心一些，会更好，你一定行""你已经很好了，你一定可以更棒，一起加油哦"等。除了这些，还可以跟孩子建立一个鼓励的默契动作，当孩子成功做到某事时，跟他击掌："Give me five！"你会发现孩子的自信心与日俱增，眼里身上都充满了自信的光芒。

总之，"良言一句三冬暖，恶语伤人六月寒"。同样的内容，用不同的语言表达，效果和结果都会截然不同。父母若要科学地教育孩子、关爱孩子，就该多用"良言"，禁用"恶语"，以免对孩子造成"语言伤害"，酿成无法挽回的后果。作为父母，为了孩子，从现在开始，改变自己的说话方式吧。

学会给孩子"提供选择"

当孩子渐渐长大的时候，会发现有一段时间他特别爱说"不！"；"我们去洗澡吧？""不！""你该睡觉了！""不！"这是为什么？答案很简单：巩固他独立自主的权益，是孩子的本能。为了避免和孩子发生冲突，父母给孩子"提供选择"是个好办法。

比如，孩子想买一个新的玩具，你可以给他一个选择，是买娃娃还是买一套橡皮泥，让孩子自己决定。

这样的选择经常进行乃至于形成习惯之后是比较有意义的：这样可以保证孩子在父母给出的范围里有自己的决策权，他会比较有参与感，也会比较有主见。孩子有了选择，他就不跟家长对抗了。

实际上，家长与孩子之间，并不是一定要对抗的。举例来说：在学习方面，孩子很可能会由于各种原因造成偏科，这时候家长可以尝试用新的办法来教育孩子。一方面，站在孩子的角度去理解，平等待人、提供选择，给他转换余地，尊重孩子的选择，给予孩子重新考虑的机会；另一方面，让自己作为孩子的学习顾问，以建议的形式、探讨的语气给孩子以一定的宏观引导和帮助，告诉孩子，兴趣是学习最好的老师。兴趣应是多方面的，要培养自己广泛的兴趣爱好，鼓励孩子发现自己不喜欢的科目的乐趣，进而解决偏科的问题。在生活方面，家长也可以改变以往的做法，让孩子自己选择，这样做更容易解决问题。

随着孩子年龄的增长，闹情绪的方式也不断更新。最近每天早上，涛涛都要迟到了才出门，妈妈提前一天给他准备好的衣服，他就是不穿，换一件，还是不穿，继续哭闹，即使强制穿上，他还是使劲要脱下来。闹完了，哭累了，脾气也发够了，妈妈让他自己挑，结果，他还是穿了原来那件。

涛涛天天这样，妈妈苦恼不已。

终于，无意之中，妈妈发现了秘诀。当时，为了省事，妈妈预先拿好两件衣服，问了一句："儿子，你想穿红色的衣服还是蓝色的衣服？""红色。"儿子很干脆地回答，并没有做出不合作的举动。儿子的合作让妈妈大感纳闷，原本准备预留5分钟僵持的，没想到几秒钟就提前结束了。既然这么顺利，妈妈就顺势多问了一句："儿子，你准备先穿衣服，还是裤子？""衣服。"儿子的回答依然爽快得令妈妈难以置信，那天，妈妈不费一点力气，就把穿衣服的"战斗"给解决了。

坚持正确的行为，就可以固化为一种好的习惯；好习惯养成了，就可以造就一种好的性格，但前提是要弄清楚什么是正确的行为。如今的孩子越来越聪明，在许多事情上都开始有自己的看法与态度，包括"选择"在内的各种自我意识也渐渐萌发。其实，孩子对于很多事物并没有明确的好恶，只是希望能通过选择这种方式得到大人的尊重和认同，会有一种"说了算"的成就感。他们潜意识里觉得，父母对于他的选择的认同，就是尊重他，从而产生一种成就感和满足感。

哥哥家三岁的小女儿放暑假回爷爷奶奶家住，跟怀孕的姑姑住在一起，感情很好。那段时间，让姑姑体会到了小孩子教育的真谛。

每次跟爷爷奶奶出去，贝贝走几步就不愿意了，要么背要么抱，还特别任性地要求爷爷奶奶买这买那。

有一次姑姑带她出去，路程挺远的，但由于事先大人们都告诉过贝贝："不能让姑姑背你，姑姑肚子里有小宝宝，不能背你。"所以，贝贝一直都没要求姑姑背她，但是，贝贝的确是有点累了，她走着走着就停下了，说："姑姑，好累啊！"还可怜巴巴地看着姑姑。于是，姑姑也说："啊，姑姑也好累啊，都走不动了，要不你背姑姑吧！"然后明显看到贝贝的表情由惊讶变为失望，还有些难过，姑姑接着说："贝贝，我们先坐下休息一下，然后一起加油走回去，好不好？爷爷一定会夸奖我们的！"贝贝低头开始犹豫，姑姑接着说："要不然你背姑姑回去，还是我们休息一下走回去？"她终于说："我背不动姑姑，走回去好了。"于是，两人休息了一会儿，便一起手牵着手走了回去。

一回到家，她立刻跟爷爷炫耀："我是自己走回来的，姑姑都走不动，我走得动！"当然，她得到了大家的表扬，高兴得不行。

这样的情况并非偶然，其实，如果大人肯放手，给孩子锻炼的机会，孩子可以做得更好！不要用批评来要求孩子，是要给他们讲清楚利弊，让他们自己来选择；也不要小看孩子的判断力，他们能做出最好的选择。作为家长，只要正确地引导，每个孩子都会凭借自己的分析做出最好的选择！

凯凯是个特别挑食的小朋友，不吃蔬菜也不喝汤。妈妈一直很苦恼，又担心他营养不够，又担心他吃不饱，每天都要盯着他吃东西。

第六章
控制情绪，宽容地对待孩子的缺点

这天，妈妈加班没回来，爸爸带他。爸爸做好了饭，就端了上来，凯凯看着爸爸说："爸爸，我不想吃，我不爱吃青菜。"

爸爸豁达地摸着凯凯的头说："爸爸不太会做饭，做的可能也不好吃，但是这是爸爸辛辛苦苦做的饭，凯凯随便吃一点吧，也陪陪爸爸，爸爸好饿，要先吃了。"然后把凯凯的饭放到他的餐椅上，让他自己吃。

妈妈回来才发现，爸爸做的饭菜，凯凯居然吃了一大半，还根本没有要爸爸喂饭。

从这个案例，我们能够明白：孩子不吃饭，其实是有他的想法和原因的。把每天的一碗饭吃完，对孩子也许是个心理负担，而爸爸的让步，给他一个选择的台阶，使他减轻心理负担，于是，他就愉快轻松地吃了。由此可见，孩子的有些想法可能不善于用言语表达，却由行为表现出来；而且在孩子的行为表现背后还有成人难以理解的心结。如果家长无法破译这份密码，就难以沟通，这样会影响孩子的成长。所以，只有深入地了解孩子的内在需求，采取适当有效的对策，才有利于开启孩子的心智，培养其健康的人格。

如果我们只是用言语来劝告孩子这样不好，那样也不好，也许孩子当时会照家长的意愿去做，可久而久之，根本起不到什么作用。我们需要选择的机会，孩子更要选择的机会，所以，请给孩子多一点选择的机会。

引导孩子学会"自我反省"

没有教育不好的孩子,只有教育方法不对的父母。父母要保持平和的心态。打骂教育从表面上看是在教育孩子,其实是父母宣泄情绪的方式。这对于孩子的教育可是一点好处都没有,对待孩子犯错屡教不改的问题,应该冷静处理,站在孩子的角度考虑,多理解孩子,倾听孩子的心声,然后用引导的方法来帮助孩子改正错误。

孩子总会有一段时间,很爱拿着笔到处乱画。面对这种情况应该怎么办呢?

看看这个爸爸的方法:

爸爸以欣赏的态度告诉儿子说:"你画得真好啊,我以前怎么没发现,我们把画带回去给爷爷奶奶看看好不好?"

儿子:"画在墙上怎么能带给爷爷奶奶看呢?"

爸爸:"啊,就是啊,那怎么办?"

儿子:"画在纸上啊,就可以带过去了。"

爸爸拿了一张纸给儿子:"好。"

下次带孩子去看爷爷奶奶的时候,带上孩子的画,爷爷奶奶对孩子夸赞不停,还把画贴在客厅最显眼的地方。

儿子非常高兴,很有成就感,回到家里后。

爸爸:"在墙上画画吧。"

儿子:"我不要在墙上画,要在纸上画,画了带给爷爷奶奶看。"

爸爸:"好吧。"

从这个案例可以得出结论:不能给小孩子讲道理,给孩子讲道理是讲不通的。要根据孩子的心理需求选择更好的沟通方法。

引导孩子说起来很简单,但是做起来,也要注意方式方法。

当孩子刚开始学习某件事时,家长需要向孩子示范,引导孩子学习如何做;当孩子做错事时,家长需要引导孩子自我反省,从而改正;当孩子取得一点成绩时,父母需要引导孩子看到更高、更远的目标,从而走向成功。

反之,当孩子不会时,受到呵斥,就会有一种受挫感;当孩子做错事情时,受到责骂,孩子就会觉得非常委屈和无助;当孩子取得一点点成绩时,父母轻描淡写地说"有什么好骄傲的",孩子就会非常沮丧。长此以往,孩子对于父母的信任和依赖会大打折扣,亲子关系自然会出现问题。

有句名言说"教育是为了不教"。这句话的意思就是:教育者之所以要教育他人,目的是引导他学会学习的方法,养成自我学习的能力。

孩子做错事是难免的,"孩子是伴随着错误长大的",父母的责任就是不断纠正孩子的错误,让孩子从错误中学会成长。

一个人不可能永远在父母的羽翼下生存,他必须学会独立地处理各种事情,因此,引导孩子养成正确处事的方法非常重要。

孩子做起事来总是"心有余而力不足"。面对精彩的世界,他们想做一点儿事情,或者想帮父母做一点儿事情,却总是做得不太好。比如孩子第一次帮父母洗碗,却不小心打碎了碗碟;孩子第一次帮父母做饭,却不小心把饭煮糊了。面对这种情况,有的父母会呵斥道:"叫你不要洗你偏洗,现在好了吧?快走开,我来洗!""面都煮糊了,真是笨呀!"许多父母下意识的责问其实也是想让孩子自我反省,但是这种方式,往往已经让孩子产生了反抗的心理。如果父母在孩子做错事的时候,对孩子严厉责备,甚至打孩子,会让孩子对父母产生不满,甚至是仇恨,从而导致孩子做出更多的错事来,最重要的是,孩子会因此失去尝试的勇气。

周末,小明的姑姑来看小明,给他带了一箱樱桃。小明特别爱吃樱桃,非常开心地拿了一盘子,跟妈妈一起洗得干干净净的放在桌子上吃了起来。这时,爸爸走了过来,拿起一颗樱桃,却被小明发现了。小明大叫起来:"这是我的!"

爸爸一句"小没良心!"都已经在嘴边了,却没有说出口。他想,不能给孩子带来消极情绪。

于是,爸爸说:"为什么不给我吃呀,爸爸对你不好吗?"

明明:"这是姑姑给我买的,是我最喜欢吃的,你就是不能吃!"

爸爸:"如果别人送我许多你爱吃的东西,你想不想吃?"

小明支支吾吾地回答:"嗯……想吃!"

爸爸:"就是嘛,有好东西要学会与人分享,这样大家一起吃起来才高兴。而且,好孩子要有爱心,要懂礼貌,你给爸爸妈妈、奶奶都拿一个。"

小明:"好吧。"

小孩子以自我为中心,是非常正常的事情,因为孩子的心智没有成熟,并且处于受家庭成员宠爱的核心地位。如果父母对于孩子自私的行为视而不见，或者纵容，孩子就会愈演愈烈，完全以自我为中心。反之，如果父母不是耐心地教育和引导孩子，而是采用责骂、恐吓等方式要求孩子为别人着想，关心爱护他人，并不能达到很好的效果，还会加剧亲子之间的隔阂。

"屡教不改"，也要给一次机会

一些父母反映自己的孩子老是在同一件事上犯同样的错误，尽管大人多次提醒、催促，可他依然不改。比如放学进屋总是忘换鞋，每次回到家鞋一脱，光着脚丫就跑进屋了；做作业马虎，提醒过的错字，总是一遍遍地错，似乎永远都记不住；每当家长谆谆教导，孩子也虚心接受，可就是屡教不改，一旦你终于狠下心决定"以武服人"时，他却先声夺人，哭声震天，而后依然我行我素，让父母真不知该如何是好。

小学三年级的晓峰越来越贪玩，每天回家的时候越来越晚。妈妈因此天天对她进行批评教育，叮嘱他放学要按时回家，但是他一跟同学玩起来就把一切抛到脑后。以前他回家晚了，妈妈总是很生气，对他吼叫："我已经听够你的借口了，再也不相信你了。今天你要接受惩罚。从下周开始，每天放学就回家，不能在外面玩，也不能看动画片。回你自己的房间学习吧，晚饭时间已经过了。"看到妈妈这么生气,晓峰向妈妈做了保证,以后五点半会准时到家。可是,这之后并没有什么改观。

有一天,他问同学几点了,同学告诉他六点多了。他马上跑回家。回到家之后,他惶恐地向妈妈解释:"我真的是记得要按时回来,但我发现晚了的时候已经来不及了,我用最快的速度跑回家的。"

妈妈经过思考决定用别的方式来对待晓峰。妈妈说:"我知道你在尽力往家赶,我也知道你记得我们之间的约定。但是你还是没有做到,所以妈妈并不高兴,我希望你能按照你跟我说好的五点半到家,能够说到做到。因为你回来晚了,我们已经吃过晚饭了,你饿的话就自己做蛋炒饭吃。"

晓峰想:"妈妈真的生气了。从现在开始,我最好按时到家,她既然相信我,我不能让她失望,而且,我也不想自己做蛋炒饭。"

妈妈采用这样的方法之后,晓峰总能按时回家了。

随着孩子渐渐长大,身上总会有一些"顽症"令父母伤透脑筋、束手无策。孩子积习难改,究其根源,是因为不恰当的时机和机遇对某种行为形成了心理惯性。对这样的孩子,暴力是无济于事的,因为打骂只是对错误的惩罚,而不能纠正错误。其实,犯错是很正常的事,当孩子犯错误时,家长要充分理解孩子,多从孩子的实际需要出发,多站在孩子的立场想问题;稍有进步则要及时表扬,还要教给孩子一些改正错误或是改掉不良习惯的方法。

以下的几点建议,父母不妨试试。

第一,可以陪孩子一起写一本日记。日常生活中发生的点点滴滴都可以记录,或是写或者画或者贴纸都是可以的,这样可以让父母清晰地看到孩子成长的过程，还可以让孩子定期回忆自己曾做错的事情，现在是否有所改进,以帮助他们成长。回忆的周期和频率可根据孩子改进的情况来调整。

第二,一定要适当"放权"。比如让孩子自己选择要穿的衬衫和裤子,购物时让孩子参与发表意见,让孩子承担一些小家务,鼓励他们收拾自己的东西等。当孩子做出错误的决定时,父母可以提醒他们,可能会导致不好的后果。比如说当他把玩具随意扔到房间的地板上时，可以告诉他这样做的后果是那些玩具在一段时间内会找不到。

第三,可以和孩子一起做一次深刻的分享。告诉孩子,爸爸妈妈的经历,举一个他能力范围内所能思考和分析的失败案例,请他来分析失败的原因，并邀请他帮助爸爸妈妈想一个办法来避免失败或者解决问题。

最后,不妨再给孩子一次机会。人的一生就像小孩学走路的过程,尽管会摔跤,但跌倒后爬起来就是成功。孩子可能摔倒了一千次,但仍有第一千零一次站起来的可能,所以,家长一定要给孩子一个成才的机会。

就事论事，切勿借题发挥

不要借题发挥，并不是说就不能批评孩子了，但是父母们在批评孩子时，经常会踏入误区，而有些关键性的误区，则是很普遍的行为，比如父母批评孩子时，一不小心就会"翻旧账""上纲上线"等等，有些父母就喜欢把孩子过去的老底都翻出来，唠唠叨叨，没完没了，这样做只会加大解决问题的难度，增加孩子的反感。

儿子跟父母说，想要出去玩，于是发生了以下对话：

"去哪里啊？"

"就附近走走。"

"那你跟谁去啊？？"

"就初中的几个同学。"

"到底去哪里玩？"

"可能去打篮球，也可能去逛街看电影吧。"

"又去打篮球？上次你们去打篮球，然后跟别的同学打了一架回来，这次是不是又要去打架？"

"那我们就去看电影。"

"看什么电影？不会是打打杀杀的吧？"

"有什么看什么呗。"

"简直是浪费时间！年轻人不在家好好学习，天天出去玩，你作业写完了没有? 上次考成那个样子,还好意思出去闲逛? "

"你们有完没完? 不就是出去玩一会吗? 烦不烦? "

"小子你听着,老老实实早点回来,要不然有你好看的。"

类似的对话是不是很眼熟? 也许在父母看来,孩子提出要求的时候正是一个批评教育孩了的好机会。可这样的教育效果会好吗? 正如对话中所展现的,本来就是一件小事,儿子也没觉得有什么,却因为这样的一番对话,让父母生了一肚子气,孩子也充满了逆反心理。这就是父母经常翻旧账唠叨产生的后果。孩子最厌恶父母只要他一犯错误,就把陈年老账翻出来。

但是偏偏家长们总忘不了"算旧账",说出孩子的种种错误行为,有的父母甚至将孩子说得一无是处,完全忘记了本次训教的主题。

家长说这些话的时候,有没有想过孩子会怎么想呢?

反正我怎么样都不对,我的好父母永远看不到,我为改正缺点而做出的努力,父母也都看不到,自己天生是挨训该罚的料,有的甚至会认为父母是故意在找茬,因此对改错失去了信心,破罐子破摔、依旧我行我素。这样的教育效果可想而知。所以,家长教育孩子要就事论事,千万不能翻旧账。

一次不良行为应该只被批评一次, 不能因为一次行为就连续受到批评。早晨犯了错,批评后,就完了。在中午吃饭的时候再一次喋喋不休,不停地对孩子斥责:"你说你今天做了什么好事,一大早就把碗摔破了。"这种唠叨式的反复责备,只会引发孩子的抵触情绪。批评孩子,不需要太多的理由,一次不良行为就足够了。

第七章

阳光教育，
品行优秀的孩子才有好情绪

品德是一个人的立身之本，就像大树都有根，根扎得不深就长不好。育人先育德，要想孩子有良好的情绪，就必须先培养孩子优秀的道德品质。

百行孝为先,孝为德之本

孝,是中华民族的一种传统美德,也是孩子所拥有的最珍贵的品德。《诗经》有云:"哀哀父母,生我劬劳。"感叹和赞美了父母的养育之恩;唐朝孟郊诗云:"谁言寸草心,报得三春晖。"表达了对父母的感恩之心,而"祭而丰不如养之厚,悔之晚何若谨于前"的古训,则督促后辈履行对父母的赡养和孝敬。以孝敬长辈为核心的家庭美德,几千年来代代相传,形成了中华民族伦理观念和道德品质的精华部分。

孝顺是发自内心的,也是孩子对于父母的爱最好的回馈,教育孩子孝顺,首先要求父母从自己做起,尊老爱幼。很多名人的成长故事都证明了,一个生活在以孝敬为美德的家庭里的孩子,会尊敬老人爱护孩子。孝,不是天性;不孝,也不是天生的,孩子的孝心是教育出来。

小帆今年11岁了,不仅非常可爱,性格也很活泼,爸爸妈妈从小就特别疼爱她,小帆跟爸爸妈妈也特别亲,特别听话,只是她并不知道心疼父母。本来父母觉得没什么,直到有一天,爷爷病了,爸爸妈妈照顾了一天病人回到家之后,发现小帆不高兴,问她,她才说:"今天一整天我在家都好无聊,爸爸也不陪我玩,我好饿,还没有饭吃吗?"因此,父母不禁感到难过,他们想,也许是自己平时对女儿过于溺爱,才让小帆没有孝敬父母的意识。于是,他们决定从生活小事做起,培养孩子的这种意识。

从那之后,父母经常让小帆帮忙做家务,小帆第一次帮妈妈做饭,虽然只是打下手,但是相当吃力,一会洗菜,一会择菜,天气炎热,厨房温度很高,等饭上桌时,她额头上都渗出了细细的汗珠。

小帆好奇地问起妈妈:"妈妈,你平时做饭都这么累吗?"妈妈说:"虽然我是大人,也做得熟了,但是每天要做三顿饭,还要想着怎么样在饭菜里给你增加营养,你说累不累?"小帆听完后若有所思地说:"妈妈,我现在长大了,以后我放学早,就帮你做饭。"

妈妈听了女儿的话,心里不知有多高兴,并及时夸奖说:"小帆懂事了,知道心疼妈妈了。"听了妈妈的夸奖,小帆更高兴了。此后,女儿变得懂事多了,还主动帮父母做很多事,有时候父母回来晚了,她还会主动给父母烧好热水,铺好床,她越来越懂得心疼父母了。

女儿为什么变了?因为她体验到父母生活的辛苦,明白了没有人可以不劳而获,学会了设身处地为父母着想。

我国有句俗话:"百善孝为先。"如果说每个人的生命都是奔流不息的小河,那么父母则是小河的源头。没有父母,哪有孩子?没有父母的爱,哪有孩子的幸福?

无论是东方还是西方的伦理学著作中,都将孝敬父母看作是人际关系的第一个台阶。可以说,孝心是人类感情和人际关系的基础。一个没有孝心的孩子不知道如何爱别人,不知道怎样去珍惜自己的朋友。一个没有孝心的人,注定是孤独的。所以,父母一定要注重培养孩子的孝心,首先学会爱父母,才会爱这个世界。

为孩子制定适当的"家规"

俗话说:"国有国法,家有家规。"

国法是以国家的意志颁布的强制性法律法规,而家规则是家庭的行为道德规范。每个家庭都有"家规",它是"家庭文化"中的一部分。在家庭中制定家规,对于规范孩子的言行,培养孩子拥有良好的品德非常重要。

家规就是每一个家庭成员都要共同遵守的道德行为准则。家规教育,实质上就是家长通过良好行为规范的表率和训练,有目的地教育孩子遵守行为准则,从而培养孩子拥有良好行为习惯的一种家庭教育手段。

"没有规矩,不成方圆",足见规矩的重要性。孩子属于未成年人,年龄尚小,自制力不强,易于被诱惑。这些特点告诉我们教育孩子光靠自觉是不行的,需要一定的外界强制力。家规其实就是一种有效的外力,它可以约束孩子的行为,养成一定的习惯之后,孩子会成为一个有教养的人。因此,家长对待孩子的教养态度、教育理念对孩子的发展具有非常大的影响,家规定得好,孩子也更容易成功。

璐璐连续五年被评为市里的三好学生,老师常常夸她比其他同学懂事,是大家学习的楷模。这其实与其父母对她的教育有很大的关系。

璐璐家的家规是5岁的时候，父母和她一起制定的："独立洗澡；每天9点半睡觉；尊重师长，爱护同学；遵守公共秩序，"而且执行得很坚决，还配有详细的奖惩制度和精神激励法，几年下来，璐璐已经习惯成自然，每天按时起床，自己吃早饭，晚上做完作业后才会看一会儿电视，然后自己洗澡、睡觉，从不用父母操心，而且善于帮助别人，学习成绩自然也很优秀。

现实生活中，任何事情都有其"游戏规则"，所以，及早给孩子制定"家规"，让孩子明白应该做什么，不应该做什么，把"家规"作为家庭成员生活的底线，这对家庭的和谐无疑是有利的。同时，"家规"需要父母和孩子一起遵守，家长的以身作则可以对孩子起到潜移默化的影响，这更加有利于孩子的健康成长。

2008年，奥巴马当选为美国历史上首位非洲裔总统，他不仅在事业上取得了巨大的成功，在教育子女方面也有独到的观点。奥巴马共有两个女儿，为了培育两个女儿健康成长，夫妇俩对女儿制定了几条既简单又观念性很强的家规。

(1)不能有无理的抱怨、争吵或者惹人讨厌的取笑。

(2)一定要铺床，不能只是看上去整洁而已。

(3)自己的事情自己做，比如自己冲麦片或倒牛奶；自己叠被子；自己设置闹钟；自己起床并穿衣服。

(4)保持玩具房的干净。

(5)帮父母分担家务，每周1美元。

(6)每逢生日或是圣诞节，没有豪华的礼物和华丽的聚会。

(7)每晚8点30分准时熄灯。

(8)安排充实的课余生活:玛莉亚跳舞、排戏、弹钢琴、打网球、玩橄榄球;萨莎练体操、弹钢琴、打网球、跳踢踏舞。

(9)不准追星。

这些"家规"简单而具体,五六岁的孩子也很容易看懂以及领会。这几条家规的重点在于培养孩子成为一个有教养、有自理能力、有理财观念、勤俭节约、有良好作息习惯、多才多艺的人。相信这也是很多家长对孩子的期望。

通过制定家规来规范孩子的行为,是培养孩子的有效方法。可惜的是,很多家长缺乏家规意识,在家庭中,缺少规矩的约束,这不但对家庭建设不利,对孩子的成长也没有好处。所以,作为一个文明家庭,都应该有一个既能约束家庭成员的言行,又符合社会一般公共道德准则的家规。

要进行家规教育,首先要知道如何制定好的家规。虽然这并没有一个固定的模式,但也要坚持几个主要原则:从实际出发,简明扼要,持之以恒。针对孩子的家规,不能多少年一贯制,要随孩子的成长而增减内容。一旦有了家规,家长要带头遵守,共同遵守家规会形成好的家风,持久不衰,对全家人的发展都有利。

还有,在制定家规以及执行的过程中。不少父母很容易出现专制的做法。要使家规教育更有效,父母应该尊重孩子的人格,顺应和促进孩子的身心发展。而且,还要注意以下几点:

(1)孩子能够明白制订家规的目的和意义。

"家规"并不是要过多地限制孩子的自由,而是要让孩子明白,无论是在家里还是学校或社会上都必须接受并遵守一些规则。让孩子明白对与错,明辨是非曲直,让孩子能够更快、更健康地成长,也有利于家长把握好教育的分寸。

(2)制定家规要尊重孩子的年龄和特点。

每个年龄的孩子,对于规则的接受程度都是不同的,制订家规要符合实际,过犹不及。家规要尽量简单,根据年龄选择最重要的几条,当然,制定家规最好征得孩子的同意,如果能和孩子一起来制定最好,孩子只有认同了,才有自觉执行的基础。

(3)有执行家规的措施。

对于家规,每个成员都要认真贯彻执行。家规定得再好,不执行也是无效的。家规约束的是人,是否能成功实施,要有具体措施。比如落实在文字上,人人熟记;定期评价,表扬批评;家长示范,带头自检;互相监督,发扬民主;有人违规,适度惩罚;记家庭日记、不断总结等都是好的方法。总之,落实家规是家规制约的关键。要落实好,就要经常提醒孩子按照家规去做,建立孩子执行家规的意识,经常用家规提醒孩子,事后用家规进行总结对照,使家规真正产生效果,进而形成习惯。

为孩子做出表率,以诚实培养诚实

诚实是孩子最可贵的品质。在家庭教育中,父母要尤其重视对孩子诚实品质的培养。孩子拥有诚实这一品格之后会自然而然地具有正能量,乃至于受人尊敬、信任。因此,培养诚实的品质是使孩子形成优良品质的重要途径。

林申马上就大学毕业了。同学们都忙着找工作,他也不例外。他看中了一个服装公司的市场调研员工作,其基本要求是:"口才好,文笔好,能吃苦耐劳,还要有两年以上工作经验。"林申口才一向不错,文笔也没有问题,吃苦耐劳,这是农家孩子的本色,但是缺少工作经验。他很喜欢这个工作,不想就这么放弃了,于是就填好一张表格交了上去。

随后的笔试、面试都顺利过关。最后一关是实践测试,公司发给经层层筛选而剩下的20个人,每人10份调查表,给他们一个星期的时间去做调查,经理明确表示:在一周之内,谁完成得最好,就录用谁。

林申起初自信满满,他想着:不就是做调查问卷嘛,功夫不负有心人。但是认真去做才发现,这实在不是一件容易的事。因为调查表的内容设计得非常详细,细到让人不耐烦的地步,一些数据还涉及几年前的销售情况。被调查的人,常常一翻那份厚达七八页的调查表，就直皱眉头，大都以"实在太忙"予以婉拒。

林申辛辛苦苦地跑了4天，也只做好了两份调查表。剩下几天，他跑得更加勤奋了。有一家服装商厦，他连去了3趟，留在那里的调查表还是空白一片。那里的负责人看他这么辛苦，就好心对他说："我实在是没有时间。这样吧，我给你的调查表盖上章，数据你回去自己填，怎么样？"他想："这倒是个好办法，大部分的单位，盖个章也不是很容易的。至于数据，照着那份填好的调查表，改动一下就行了。"但又转念一想，"不行！这样一来，调查表也就失去了任何参考价值。"考虑再三，他最终还是谢绝了那位负责人的好意。

期限到了，林申拿着好不容易才做好的3份调查表去参加终试，却发现其他面试者最少的都拿了十份以上。看来，这份工作是没有希望了，想着自己前面的努力都将前功尽弃，林申真有点后悔当初没听那位经理的话。

但是出人意料的是，第二天，那家公司打电话来通知林申，他被正式录用了。

几天后，林申前来报到。一位中年人事经理拍着他的肩膀说："所有人之中，只有你一个人没有工作经验，但我还是给了你一次机会。你们交回调查表后，公司马上就派人去核实，你们的工作会直接影响公司的营销策略，容不得半点虚假。"最后，他意味深长地对林申说："你要记住，无论干什么，一个不诚实的人是永远没有前途的。"

与诚实与否直接相关的，其实是孩子将以一种什么样的态度去对待人生，也关系到他人将对其行为做出何种评价的问题。诚实的孩子并不一定是最优秀的，但是他们总是真诚地对待每一个人、

情绪化的孩子怎么教

每一件事,坦坦荡荡、光明磊落,他们一定会在学业与人生的发展道路上越走越稳,越走越好。为此,作为父母,应该教育和鼓励孩子养成诚实的品德。

而要想让孩子养成诚实的品德,家长必须在日常生活中,在平时的小事上处处注意,为孩子做出表率,以诚实培养诚实。

一个美国的父亲带着九岁的孩子去钓鱼。河边的告示牌写着:"钓鱼时间上午九点到下午四点止。"

父子俩从上午十点半开始垂钓,中间他们拿出妈妈准备的便当一起吃了,下午又继续钓鱼,直到下午三点四十七分。突然间,孩子发现钓竿末端已弯曲到快要碰触水面,而且水面下鱼饵那端的拉力很强,应该是大鱼上钩了!他赶快招呼父亲去帮忙。

父亲一边协助孩子收线,一边利用机会教导孩子如何跟大鱼搏斗。两人经过一番努力,终于将一条重约七八斤的大鱼钓了起来。父亲双手紧紧捧着大鱼,跟孩子一起欣赏着,孩子显得非常高兴,非常得意。

突然之间,父亲看了一眼手表,收起笑容对孩子严肃地说:"亲爱的,你看看手表,现在已经是四点十二分了,按照规定只能钓到四点整,因此我们必须将这条鱼放回河里去。"

孩子赶紧看着自己腕上的手表,确实是四点十二分,他恳求地看着父亲说:"可是我们钓到的时候,还没到四点啊!这条鱼我们应该可以带回家。"

孩子一面说,一面露出渴望的表情,可是父亲马上回答说:"只能钓到四点,我们不能违背规定。不论这条鱼上钩的时候是否在四点以前,我们钓上来的时间已经超过四点,就应该要放回去。"

孩子听了之后，再次恳求父亲："爸爸，就一次好吗？我也是第一次钓到这么大的鱼，妈妈一定很高兴。这里又没有人看到，就让我带回家去吧！"

父亲斩钉截铁回答说："不能因为没有人看到就带回去。不要忘记，上帝在看！他知道我们做了什么。"孩子低头沉思了很久，只好依依不舍地捧起那条鱼，将它放回河里去。孩子眼里含着泪水望着大鱼离去，没有再说一句话，默默跟着父亲收拾起钓具回家了。

十多年后，这个孩子成为一名律师。在他的事务所会客厅里挂着一块匾，写着："你们说话，是，就说是，不是，就说不是，再多说便是出于那邪恶者。"每个来找他办案的人，他都要求当事人必须先读一遍这句话，然后对他们说："若是被我发现你隐藏案情，或是不诚实，我会立即拒绝为你辩护。因为我无法替不诚实的人伸冤，那会违背我的信仰良知。"

这位律师如今在纽约市执业，他最出名的一句话是："我从不强辩，只照实说出事实真相，因为上帝知道我所说的每句话。"

由此可见，父母的表率作用不容小视。生活中，家长应该做孩子诚实的榜样，用自己的言行来引导孩子逐渐形成诚实的品质。

会感恩的孩子更快乐

爱是双向的。只有父母对孩子的爱,没有孩子对父母的爱,这种爱是不完整的。父母养育孩子,子女尊敬父母,爱是人间共同的情怀和关爱。

孩子有了一颗感恩的心,是父母送给孩子的美好礼物。他的内心会感到坦然和幸福,因为他感受到了爱,才会产生这样美好的感觉。

一个勤工俭学的医学院学生,挨家挨户地推销商品。到天黑时他已经很饿了,而口袋里只剩下一个硬币。因此,当一位年轻貌美的女孩子打开门时,他没好意思再推销,只要求讨一杯水喝。女孩看出来他很饿,于是给他端出一大杯鲜奶来。

他一口气将它喝下,喝完之后,他问:"要付多少钱?"

女孩回答:"你不欠我一分钱,母亲告诉我,不要为善事要求回报。"

他说:"那么我只有由衷地谢谢了!"

当他离开时,不但觉得肚子不那么饿了,而且信心也增强了起来。他今天一样东西都没有卖出去,在敲开女孩家门之前,他已经在考虑是否要继续学业,但现在,他改变了主意,决定要坚持下去。

数年后,那个女孩病情危急。当地医生都已束手无策。她被送到大都市，以便请专家来检查她罕见的病情。

他们请到了当地有名的专家来诊断，当他听说，病人是某城的人时，他的眼中充满了奇特的光辉。他立刻穿上医生服装，走向医院大厅，进了她的病房。

医生立刻认出了她——就是当年义务帮助过他的那个女孩。他下定决心要尽最大的努力来挽救她的性命。从那天起，他特别观察她的病情，还跟他的导师和其他国家的专家沟通探讨如何治疗她。终于，她起死回生，战胜了病魔。

最后，医院将出院的账单送到医生手中，请他签字。医生看了账单一眼，然后在账单边缘上写了几个字，就将账单转送到她的病房里。

女孩不敢打开账单，因为她不知道怎么才能还清这笔巨额医药费。

但最后，她还是鼓起勇气打开看了，账单的最终金额被划掉了，旁边写着这么一句话："一杯鲜奶足以付清全部的医药费！"

我们生活在这个世界上，时时接受各种"恩赐"：父母的养育、师长的教诲、爱人的关爱、朋友的友情、大自然的慷慨赐予等等。然而，对于这些恩惠，有些人似乎觉得这一切都是理所当然的，没有丝毫的感恩意识。不懂感恩的人，也不懂得如何回馈他人，他们所感受到的爱和希望，都是不完整的。所以，教育孩子"学会感恩"是一件重要的事情。让孩子学会感恩，其实就是让他学会尊重他人，对他人的帮助怀有感激之心。

培养孩子的感恩之心，是爱的教育重要的一部分——让孩子感激给予生命并养育他们的父母，感激教会他们各种知识的老师，感激给予他们帮助的同学和朋友,感激生活中一切美好的事物。让孩子真正体会到我们的生活是多么快乐幸福! 让孩子学会关心、学会感恩,这将有利于孩子好的品格的形成,使孩子一生受益无穷。一个懂得感恩的孩子会更珍惜自己的生活,善于发现世间的美好。

有一位商人同时资助了5个贫困学生长达三年,这些孩子已经习惯了每个月收到钱。突然,有一个月,他们的账户迟迟没有收到钱,并且被告知,商人的公司遇到了财务危机,而且马上就要破产了,所以没有办法再继续资助他们了。

又过了几个月,因为失去了商人的资助,这5个原本幸运的孩子又回到了原先窘迫的生活中,甚至不能继续学业。又过了一段时间,这五个孩子其中的一个,又收到了商人的资助,他高高兴兴地回到学校去了。其他的四个孩子却没有收到钱。其中,没有被资助的一个孩子着急了,他也多么希望幸运的光环可以降临到自己的头上,所以他顾不得心里的忐忑,给那位商人打了一个电话。当电话里传来商人那和蔼可亲的声音时,孩子问:"叔叔,您能也再继续资助我吗? 我真的很需要您的帮助! "

商人在电话那边沉默了半分钟后,说道:"孩子,你有没有想过为什么我再次资助他,而没有资助你们吗? 当我心情最低落的时候,我以为我再也不能够东山再起了,可是我接到了一通意外的来电,就是他打给我的。他说不知道我是因为什么原因不能再继续资助下去了,但是他还是很感谢我这些年来对他的帮助。他还告诉我说,相信好人有好报,我一定会再站起来的……后来我又重新打起精神,事业因为一个偶然的机遇起死回生,所以当我又有能力的时候,我决定继续资助这个孩子。至于你们,我只能很抱歉,因为我不能再帮助一些永远不知道感恩,而只知道一味索取的人。"

当孩子学会感恩,他就拥有了一种迷人的气质和魅力;拥有了感恩,他就拥有了整个世界的爱,拥有了无比灿烂的光环,他也就可以开拓自己更加精彩的人生,打造属于自己的"爱的天国"。所以不管客观环境如何,从现在开始,父母就要学会让孩子拥有一颗感恩之心。

那具体,要怎么做呢?

(1)父母以身作则,为孩子做出表率。

父母是孩子最好的老师,父母的行为决定了孩子的行为。父母首先要懂得感恩,并且切实地来孝顺自己的父母、关心孩子、帮助身边的人等,通过自己的言传身教,让孩子学会尊敬师长、爱护公物、关心集体、乐于助人、热爱劳动。长此以往,孩子就会慢慢地成长为一个有爱心的人,一个懂得感恩的人。

(2)培养孩子"柔软"的心,让孩子理解他人的情感。

孩子生来是以自我为中心的,要让孩子学会感受别人的情感,需要通过父母后天的教导。比如当孩子发现因为闹情绪而乱踢他的毛绒玩具时,可以对他说:"你踢玩具,它会感到疼痛,不要踢它了,好吗?如果你让它感觉你是个爱欺负人的孩子,那它就不会喜欢你。"通过这样的方法,可以培养孩子的爱心,也让他体会到别人的感受。

(3)给孩子制造回馈的机会。

生活中经常会发生这样的情况,当孩子尝试帮父母做一些事情的时候,父母往往会说:"你去休息吧,如果真没事做,那就去看看书。"殊不知,父母的这一做法,已经无形之间扼杀了孩子的感恩之心。要知道,孩子只有懂得付出、懂得回报,他才会懂得珍惜、懂得体谅,所以父母应该学会接纳孩子的付出和体贴。

(4)让孩子关心不幸的人。

也许你的孩子生来就有一个幸福富裕的家庭,他并不知道别的家庭什么样,他也不知道什么是贫困,什么是吃不饱穿不暖。父母可以在陪孩子看书、看电视提到相关情况的时候告诉他:"有些偏远地方,和你差不多大的小朋友,他们现在连饭都吃不上,也没有玩具。"这会让孩子知道,世界上不只有幸福和甜蜜,也有痛苦和不幸。同时,父母还必须时常整理一些孩子的衣物、玩具、书本等捐赠给需要帮助的人。孩子会从这些对比中,体会到自己的幸福生活,会因此而产生感恩之情。

有人说,一个不懂得感恩的民族是没有未来的民族。我们也可以说,一个不懂得感恩的孩子,也很难有美好的未来。当你的孩子学会了感恩,他就懂得了生活,懂得珍惜美好的生活,珍惜别人为自己付出的情感,也就能更好地融入现实生活,开启自己美丽人生的大门。

在孩子心中播下尊重他人的种子

尊重他人，是对别人的一种肯定。在孩子心中播下尊重他人的种子，不但可以创造一个更加文明、宽容的氛围，也会帮助孩子获得很多珍贵的品质。父母要把尊重他人的种子播种到孩子的心中。

现在，有很多父母在培养孩子的独立思考意识时过于急功近利。他们片面地认为，如果对孩子限制太多，会让孩子今后难以适应社会。于是，在生活中对孩子过于溺爱，并在孩子面前随意抱怨老师以及其他长辈，而这些言行其实已经向孩子发出了一种错误的信号：不尊重师长是可以的！以至于在孩子的心日中也就没有了"尊重"这个概念，更不知道尊重别人了。

绝大多数的父母在不知不觉中就对孩子产生了溺爱，尤其是家里的老人，一切都是以孩子说的算。日积月累，孩子就会认为别人都应该听他的，所以，许多孩子都养成了霸道、以自我为中心的坏习惯，让人感觉像是没有教养的孩子。

奇奇邀表哥到家里玩。傍晚，表哥想打电话，奇奇却死死地抱着电话机。原来，奇奇是想让表哥留在家里吃饭，但表哥不愿意，要打电话告诉家人回家吃，奇奇就不放表哥走。

奇奇妈妈听了原因，笑着对奇奇说："你可以先问问表哥，愿不愿意留下来跟你一起吃饭。如果表哥不愿意的话,我们也不能勉强啊。每个人都有自己不喜欢做的事情,你不喜欢的事,如果我们强迫你去做,你肯定也会不高兴的。"

于是,奇奇抽泣着问表哥:"表哥,在我们家一起吃饭,好吗?"看见奇奇满脸的诚恳,表哥最后答应了。

尊重他人,是孩子必须具备的品质,也是家庭教育中容易忽视的部分。尊重他人是与人相处的根本。不懂得尊重他人的孩子,很容易被人视为"没有教养",甚至长大后很可能会与社会疏离。

英国著名教育家斯宾塞说过:"野蛮产生野蛮,仁爱产生仁爱。"尊重,是人际关系的起点。不尊重他人,他人也不会尊重你,也不可能信任你,这样你就会失去许多朋友的支持。

父母本身的态度,对孩子有着重要的影响。父母要以身作则,在孩子心中播下尊重他人的种子。要求孩子学会尊重,大人首先要尊重孩子,让孩子帮助做什么事时要说"请你……"而不要生硬地命令他。如果孩子做完了,父母要说声"谢谢"。

尊人者,人尊之。只有尊重自己的交往对象,交往对象才会尊重你。在互相尊重的气氛下,交往才能顺利进行。所以,人与人之间的交往,都应建立在真诚与尊重的基础上。

在一个高档社区里有这样一位妈妈,她在小区里碰到收废品的外地人,都会微笑着跟这位外地人打招呼。外地人有些受宠若惊,因为小区里很多人对他视而不见,而这位女士是唯一一个主动跟他打招呼的人。

有一次,孩子问妈妈:"妈妈,为什么其他人都不理这位收废品的叔叔呢？"妈妈说："因为他们觉得跟收废品的叔叔不是一个层次的人。"孩子接着问："那妈妈为什么理他呢？"妈妈说："因为人与人之间都是平等的。这位叔叔收废品是在工作，妈妈做工程师也是在工作，我们都是工作者。"妈妈接着说，"如果我们的条件比别人好，那么我们要尊重别人，不能瞧不起他们；如果我们的条件比别人差，那么我们要尊重自己，不能瞧不起自己。你记住了吗？"孩子似懂非懂地点点头。

这位妈妈用行动告诉孩子，人们是平等的，身份、地位并不是判定一个人的依据，她教会了孩子什么是尊重。

尊重是一种心态，正如这位妈妈所说，尊重别人的基础首先是尊重自己。如果孩子习惯于外在条件的比较，那么，在碰到比自己条件好的人时，就会产生自卑、羡慕、嫉妒等心理；碰到条件比自己差的人时，又会产生高人一等、傲慢的心理，无论是哪种心理都不利于孩子的健康成长。而抱着众人平等、尊重他人心态的孩子，则能做到宠辱不惊、保持情绪的稳定和心态平和。所以，父母要教孩子学会尊重他人。

当然，父母是孩子的榜样，父母首先要在生活和工作中做到"处于人之下，尊重自己，不谄媚，不逢迎，不妄自菲薄；位于人之上，尊重他人，不嘲讽，不贬斥，不妄自尊大。"

尊重体现在日常生活的点点滴滴之中，比如告诉孩子跟年长者接触时，不管熟悉或者陌生，都不能胡乱称呼，要有尊称；不小心碰到别人要及时道歉；尽量不妨碍清洁工人等人的工作；要求孩子跟父母、长辈说话时，不乱发脾气、语气平和，逢年过节要问候长辈；等等。

尊重他人,不是一朝一夕能够养成的,所以,父母要善于利用点点滴滴的小事,教导孩子尊重他人以及尊重他人的劳动。

乐于助人的孩子最受欢迎

助人为乐,是中华民族的传统美德,也是当今社会值得提倡的道德风尚。人是群居动物,需要与他人相互交往。乐于助人,就是要求人们善于理解他人的处境、他人的情感和需要,随时准备从道义上去支持他人,从行动上关心帮助他人。

著名书法家王羲之的书法天下闻名,但是他轻易不肯给人写字。

有一天,王羲之在路上遇见了一位贫苦的老婆婆,提着一篮竹扇在集市上叫卖,却没有什么人去买。他看到后心里很同情,于是就帮老婆婆在每把扇子上都题上字。人们知道后纷纷围拢来抢着购买,一篮子竹扇很快被抢购一空。等着买米下锅的老婆婆非常高兴,十分感谢乐于助人的大书法家。

每一个人都不是孤立地生活在这个世界上。人与人之间的交往是一种平等互惠的关系,你对别人怎样,别人也会怎样对你;你热心帮助别人,别人也会帮助你。帮助永远都是相互的,正像"投之以桃，报之以李""赠人玫瑰，手有余香"一样。所以，你想得到别人的帮助，自己首先要帮助别人。

美国的课外读物里有这样一个故事：

在一个风雪交加的夜晚，美国一位名叫克鲁斯的年轻人因为汽车抛锚被困在郊外。正当他不知所措时，有一位骑马的男子路过。见此情景，这位男子什么都没说，就用马帮助克鲁斯把汽车拉到了附近小镇上。克鲁斯得救了，他拿出一沓美钞要表示酬谢。这位男子却说："这不需要回报，但我要你给我一个承诺，当别人有困难的时候，你也要尽力帮助他。"克鲁斯答应了，在随后的很长时间里，克鲁斯主动帮助了许多人，并且每次都没有忘记转述同样的话给被他帮助过的人。

几年后的一天，克鲁斯被突然暴发的洪水困在了一个屋顶上，一位勇敢的少年冒着被洪水吞没的危险救了他。当他感谢少年的时候，少年竟然也说出了那句克鲁斯曾说过无数次的话："我不需要回报，但我要你给我一个承诺……"克鲁斯的胸中顿时涌起了一股暖流。

给他人力所能及的帮助，是一种美德，也能从中收获到快乐。社会交往程度越密切，越是离不开互相帮助。让孩子从小就体会到帮助他人的快乐，对于他们的心理健康有很大的好处，还能够培养孩子开朗、宽厚、善良的性格。一个乐于助人的孩子，能够不断收获到他人的支持、帮助。

开学半年多了，同学们从没见于长路笑过，这引起了班长周明凯的注意。平时于长路从不和别人主动聊天，也不爱说话，只顾一个人埋头学习。半年来除了学校他几乎没去过其他地方。由于他性格孤僻，同学们给他起了一个外号，叫"孤独大侠"。

有一次，于长路的一个亲戚来看他，周明凯才从于长路的亲戚那里了解了他的不幸。原来于长路很小的时候父母在一次车祸中丧生，由于没有了生活的依靠，于长路和妹妹不知道该怎么活下去。幸好远方的舅舅闻讯赶来，把兄妹俩接到了自己家。舅妈是一个好生事端的人，对于长路和妹妹十分苛刻，动不动就责骂，甚至动手打他们。

一次妹妹发高热，舅舅不在家，于长路求舅妈带妹妹去看病，舅妈却不理他。等舅舅回来后把妹妹送到了医院，可妹妹的眼睛却从此再也看不见东西了。从此以后，除了妹妹，他再也不愿意和别人说话。

周明凯知道一切后，主动找于长路谈话。周明凯说："于长路，我对你的不幸深表同情，希望我能帮助你。"于长路只是看看他，没有说话。可是周明凯并没有放弃，他把于长路的事告诉了同学们，并让大家一起想办法，让于长路快乐起来。

因为于长路的拒绝，谁也没想到更好的办法。周明凯忽然想到于长路的妹妹是发热导致的失明，也许能治好，于是，他去请教医生，医生告诉他要看什么情况，一般情况下是可以治好的。

这一点希望点燃了周明凯的热情，他回去组织同学策划捐款行动，然后背着于长路把他的妹妹接到医院。经过检查，医生说可以治好，这让他和同学们高兴不已。

这段时间于长路见同学们都怪怪的，而且还用一种异样的眼光看他，以为是周明凯把他的事向同学们宣扬开而导致的，于是对周明凯更加冷漠。

直到一天，周明凯对于长路说："于长路，门口有人找你。"于长路疑惑不解，因为平时从来没有人找过他，但他还是向门口走过去。当他看见自己的妹妹时，眼睛湿润了。

"怎么，你的眼睛？"

"是的，我可以看见你了！"

于长路不解地问："到底发生了什么事？"

妹妹把发生的一切告诉了于长路，从此，于长路和周明凯成了好朋友，他的性格也逐渐变得开朗起来。

帮助别人是一件很快乐的事情。孩子如果能在别的小朋友遇到困难的时，主动去帮助别人，这个过程既可以建立良好的友谊，又可以让孩子体会到快乐，让孩子成为受欢迎的人，这将大大增加孩子的信心，使其更乐意去与人交往。因此，培养孩子乐于助人的精神是儿童教育中的一个重要课题。

现在的孩子大多数都很少有机会去关心、照顾别人，甚至他们很少想到别人，只知"自我"，根本不懂人与人之间需要互相帮助。所以，我们要创造机会让孩子学会帮助别人，培养孩子助人为乐的好习惯。这对孩子今后是否具有高尚的情操、健全的人格有不可估量的影响。

生活中，家长要让孩子明白"助人为乐"这四个字，蕴含着人世间最美的意义。"助人"为什么会快乐呢？因为可以从帮助别人的过程中发现自己的生存价值。由于你的帮助和付出，使别人的困难得到解决，把别人的不方便变成了方便，这是一种成功的体验。当孩子懂得这些道理之后，就会主动帮助别人。

第八章

摸清孩子的个性，
才能了解孩子的情绪

家长若能够及早了解孩子的个性特点，就能够正确地引导孩子的情绪，逐渐发展出一种最适合孩子个性特点的教育方式，避免因为孩子个性和父母期望、教育方式间的不协调而产生各种冲突。

你的孩子是哪一种气质?

我们常常听到教育专家说,不同的孩子需要不同的教育方法,每个孩子的气质不同,那么孩子到底都有哪些气质呢?纽约大学的专家对此进行了长期研究后,把儿童气质归纳为9个维度。父母要准确把握孩子的气质,可从这9个维度入手。

维度1:活动量。

每个孩子日常生活中的活动量不同。活动量大的孩子比较活泼,有探索性,但有时会因好动而影响既定任务的完成,或者干扰他人。活动量少的孩子安静,做事较细心,有耐性,但往往显得办事速度较慢、效率低。

维度2:规律性。

规律性,是指饮食、大便、睡眠等生物功能的节律性。节律性强的孩子,各项指标都比较"准时",会比较好带,一旦生活环境有所变化,容易克服困难。节律性弱的孩子,吃饭、睡觉等时间不规律,日常抚养中可能让家长觉得麻烦,但容易适应环境。

维度3:趋避性。

趋避性,是指孩子面对新事物或陌生人最初的反应,也就是我们常说的"胆大""胆小"。易接近的孩子,愿意接受新事物,但也容易受不良事物或人的负面影响。退缩的孩子对新事物易回避,怕生,但受不良影响的可能性也相应较小。

维度4:适应性。

适应性,是指孩子是否容易适应新的环境,比如抚养人、生活环境、食物等的改变。适应性强的孩子能很快适应新环境,适应性弱的孩子在适应新环境的过程中易出现问题,如换个地方不能睡觉,但度过了适应期也能做得很好。

维度5:情绪反应。

情绪反应强度大的孩子经常大哭或大笑,容易吸引家长和老师的注意,得到更多的关注,但也会因为太闹而令人烦恼。反应强度弱的孩子比较安静,不善表达自己的需要和感受,但也容易被忽视,得不到应有的关注。

维度6:情绪本质。

情绪本质,是指孩子平日主要的情绪表现,是积极还是消极。经常保持愉快的孩子总是讨人喜欢,而容易不开心的孩子,会令大人担忧,但实际上他们内心同样渴望快乐和友好。

维度7:坚持性。

坚持性,是指做事情的坚持程度。坚持性高的孩子,有固执、任性的一面,也有遇到困难锲而不舍的精神,能较好地完成任务。坚持性低的孩子,遇到挫折容易放弃,也容易听从家长的劝告,放弃不应坚持的事情。

维度8:专注程度。

专注程度,是指孩子注意力聚集或分散。注意力易分散的孩子能较快注意到周围事情,在婴儿期显得容易安抚,但进入学龄期后会影响学习成绩。注意力集中的孩子做事效率高,但过于专注一件事容易忽视周围的人和事物,在婴幼儿期比较难哄。

维度9：反应阈。

反应阈，是指孩子是否敏感，可以表现为对声、光、温度、气味等生理感知的敏感性，也可以表现为对他人态度的变化等心理感知的敏感性。敏感的孩子的音乐感和色彩感很强，善于察觉，能发现细微的变化，但容易出现如睡眠障碍、胆小等问题。比较不敏感的孩子，不怕痛，不在乎噪音，胆子大等，但也可能因此忽略很多变化或遗漏有用的信息，如危险信号等。

以上9个维度构成了每个孩子独特的气质特点。真正细致的因材施教，应该根据孩子气质的各个维度的特点，采取适当的教养方式和说话方式。

第一，活动量。

对于活动水平高的孩子，家长可以经常安排户外活动，多给他与外界接触的机会，但也需要适度要求他保持暂时安静。对于活动水平低的孩子，家长要保持更多的耐心，适应他的节奏，不要代替他做事情，要多带他到户外活动。

第二，规律性。

对于节律性强的孩子，可以偶尔打破规律，使他能适应生活的变化，比如带他外出，适当改变他吃饭和睡觉的时间、地点。对于节律性弱的孩子，从婴儿期起就要给他建立适当的生活规律，比如在该吃饭的时候准时吃饭，该睡觉的时候哄他睡觉。

第三，趋避性。

对于易接近的孩子，要尽早教导他明辨是非，加强安全意识教育。对于退缩的孩子，不要强迫他，而要耐心引导，比如提前告诉孩子即将面临的事情，以及可能发生的情况，多为孩子创造接触新事物和人的机会,鼓励孩子接近新事物,比如有新食物可鼓励他先尝一点。

第四,适应性。

对于适应性弱的孩子,要经常带他尝试新鲜事物,让他知道这个世界很大。

第五,情绪反应。

对于反应强烈的孩子,家长要保持耐心,等待孩子情绪爆发过去,安静后再以平静的语气表明态度,讲清道理。反应强度弱的孩子其实也是内心相对敏感的,家长要孩子表达自己的感受和要求,少用否定的语言拒绝孩子,多用肯定的语言鼓励孩子。

第六,情绪本质。

积极愉快的情绪往往是值得鼓励的。但是,对于情绪积极的孩子,要指导他明辨是非;对于情绪消极的孩子,要避免指责,了解他表达情感的方式采取适当的方式鼓励孩子的积极情绪,例如孩子高兴时,要尽量延长这种态度,同时,大人也要在孩子面前多表现出积极的情绪和乐观的态度。

第七,坚持性。

对于坚持性高的孩子,家长一定要把握原则,让孩子明白适度放弃或者转移注意力的重要性,不要钻牛角尖。对于坚持性低的孩子,应该完成的任务,家长一定要坚持让他按要求完成,在完成过程中可以暂时休息,但休息后一定要继续进行,直至完成,并可逐渐提高要求,同时给予鼓励。

第八,专注程度。

对于注意力易分散的孩子,要多带孩子进行他感兴趣的游戏和学习,或者对孩子进行注意力训练,逐渐提高集中注意力的时间。对于注意力集中的孩子，要多提醒他不要完全忽略了其他事情，也不要因为孩子忽略你的呼唤而苛责他。

第九，反应阈。

对于敏感的孩子，要避免突然的刺激，容忍孩子的敏感，保护孩子的感受，并逐渐训练孩子对感觉的耐受性。如果孩子音乐感和色彩感强，应该多给他听节奏优美的音乐，多看绘画作品。对于不敏感的孩子，家长则应经常弥补孩子的遗漏之处，比如抓住时机给他讲安全知识和社会规范等。

对爱生气的孩子——"情绪转移"法

每个孩子都有不同的性格，有的孩子容易被激怒，好发火，易形成粗暴、冒失等不良品质。暴躁的孩子，既伤害他人，又伤害自己。那这样的性格是否可以改善？答案是肯定的。

首先，父母和孩子都要相信脾气是能改好的。或许有的人觉得性格是天生的，但是天生的东西也不是没法改变的。古人说的是本性"难移"，但不是"不能移"。如果你想办法帮孩子减少发脾气的次数，他的性格会越来越好。

孔子的学生子路，原本也是脾气火暴，后来成长为一位谦谦君子。

其次,引导孩子学会克制。

民族英雄林则徐的书房里挂了一条横幅,写了两个遒劲的大字"制怒"。父母不是非要给孩子挂匾,但可以给他写座右铭或请旁人提醒,在怒火还未燃起时就扑灭它。你也可以告诉孩子在快发火时,深呼吸同时在心里默念十几遍"镇静",不镇静下来就不开口说话。

再者,建议孩子学会从生气中转移。

告诉孩子遇到令他生气的人和事,可以选择立刻离开这个人和这个地方。"眼不见,心不烦",离开以后,怒火没有了燃料,自然就慢慢消失了。或做点别的事,比如做运动,找别人聊聊天,痛痛快快地玩玩游戏什么的,也都是从生气中转移的好办法。其实,就算人不离开,思想也可以转移开。比如在学校和别人争论得不痛快了,不能离开学校回家,但却可以转移话题,去讨论别的事情。

最后,引导孩子学会宽容和谅解。

学会宽容是最彻底的改善暴躁的办法。人们看事情往往只从自己的角度出发,孩子更是如此,因此,父母可以这样劝导孩子:"与人争论时,你可能会生气地想,为什么对方不认可你的道理;但如果你想想,对方当时不也是这么想的吗?对方不也同样觉得他自己很有道理吗?如果你发现别人和你说话时态度不太好,你要想到或许他今天非常不开心,何必和他计较,而要让自己生气呢?也许别人在某件小事上让你很生气,你也可以想想,这件事真的那么重要吗?也许它根本算不了什么。就好比你小时候珍视的玩具,长大了你可能觉得它并不重要。现在在意的许多东西,长大之后就会觉得很不值得。"

要特别提醒的是:在孩子发脾气的时候,父母千万要保持冷静。记住,你面对的只是一个孩子——你最宝贝的孩子。和蔼温柔地跟发脾气的孩子说话,对他安静下来大有好处。如果孩子已经很暴躁了,父母要注意自己的语言,而且平静地和孩子说话。你可以选择去找一件有趣的事,要孩子和你一块儿去干,他就会忘记发脾气的事;你也可以在孩子耳边轻声说些有趣的事,或者开始说故事,孩子很可能会为了听故事而停止哭闹。不要在孩子发脾气的时候和他理论,他一定听不进去。等事情过去了,他有一个好心情时,再和他谈谈,效果会更好。

对活泼型孩子——多赞扬

活泼型孩子,语言能力一般发展得比较好,且精力旺盛。他们积极与人交往,朋友很多。这些孩子充满了想象力,但是难免在专注力方面有所欠缺,所以很容易想了不做或半途而废。

活泼型孩子,往往会很冲动,做事凭第一感觉,欠缺考虑。他们容易信任别人、爱别人,但往往得不到同样的回报,而他们对爱、认可和被接纳看得又极其重要,因此,他们很容易伤感。当朋友背叛他们时,他们会将爱转化为极度的愤怒。因为他们的情商比较高,所以比较容易从失望中挣脱出来,能从坏事情中发现好的一面。他们爱听好话,喜欢用动作表达内心的情感,所以常见他们拥抱或亲昵地拍打别人。

对待活泼型孩子要多一些鼓励和赞扬,少一些批评,多提出一些具体的要求和规范。

多给他们一些空间与时间,让他充分展示自己的才华。家长要积极参与其中,并给予他们语言的赞美或肢体的示爱,从而培养其自信心。

家长应该支持活泼型孩子结交朋友,但要注意他交什么样的朋友。

当活泼型的孩子有积极行为和想法时,要及时帮他写下来,督促他把语言变为行动,这才有利于他的发展。在督促中,父母要多激励和引导,避免批评和指责,因为活泼型孩子对负面评价特别敏感,你越批评,他就越失去信心和乐趣,而鼓励和赞扬却能唤起他的潜能。家长要及时而不吝惜地给活泼型孩子以奖励和肯定,因为他的动力来自于激情与乐趣。

父母有责任培养活泼型孩子的自律性,尤其在使用金钱方面,同时要让他了解责任心、细心、坚强等个性的重要性,只有这样,才能把他们培养成杰出的人。

家长需要注意的是:活泼型孩子需要乐趣与被接纳和认可,你所有的教子方法都要满足他的心理需求,这样才会更有效。但是,千万不要放任他,要多给他提出一些具体要求和规范,否则,没有了判断是非的标准,他连违法乱纪都会误认为是好玩的事儿。

内向型孩子——尽量别给他钻牛角尖的机会

内向的孩子通常有着强烈的责任心、谦虚谨慎、感情细腻、善解人意，但是他们又会过分认真，容易钻牛角尖，过分严肃，缺乏魄力和情趣。

那么，父母应该如何对待内向型的孩子呢？

首先，要注意对孩子说话的语气语调，大声说话很容易让内向的孩子感觉到是在挨批评，他脸皮很薄，也许你瞪他一眼他就会哭闹。如果你对他高声说话，他就会立刻不理你，或者会继续哭自己的，容易封闭自我。如果孩子正处于青春期，当大人用高声愤怒的语调说话时，他会立刻关闭房门，可以好多天不再跟父母说话，而且以后有类似问题出现时，也绝不会再和父母探讨。他会默默地坚持自己的主张，除非你能立刻说到他的心坎上，他才能打开心扉，否则他可以长久缄默无语。

内向型的孩子更需要表扬，而且要突出细节。对外向的孩子，家长可以用夸张一些的语言去表扬他，因为他本来就以为自己是最棒的，而对内向的孩子的表扬应该是温和的，因为他很害羞。同时，内向型孩子非常注重细节，如果家长能够抓住某一细节表扬，那么，内向的孩子会非常高兴。

内向的孩子通常是追求完美的，因为他们注重细节，对自己要求很高、很严格。父母如果再对他高标准严要求会使他们不堪重负，形成焦虑。很多内向的孩子为达不到自己的标准而自责，为达不到父母的要求而伤心，为考不到好成绩而焦虑。对于内向孩子的敏感、细腻，父母就应当宽容地对待，告诉他没有什么大不了，世界大得很，尽量别给他钻牛角尖的机会，以免他们会更加敏感、更加较真。

对于内向的孩子，不要追问。如果对他提出很多问题，会使他更加紧张而语无伦次。因为他需要仔细考虑过后，才会开口回答。可以试着跟孩子聊聊你一天的生活，如果你也不是那么顺利，那么他就会比较自信，并且乐意与你交流了。

内向的孩子往往比较被动，他的节奏会稍慢一点儿，所以当他做决定的时候，一定是已经想清楚了。在帮助他解决问题的过程中，不管你多着急，不管你说了什么，也不管你说了多长时间，如果没有真正说服他，他是不会做决定的，他的"犟"也表现于此，所以你最好不要老催他，因为一味催促是没有用的，他不会配合。

不要打断孩子的话。内向型性格的孩子总是出言谨慎，他在经过深思熟虑之后才会开口表达。因此，父母要尊重孩子的语言习惯，耐心地听他说完，再回应他。

固执的孩子——耐心开导

很多父母会觉得，我和他爸爸都是很随和的人，为什么孩子会这么固执，是不是自己在家庭教育方面出了什么问题，但是研究发现，固执也许是天生的。当然，固执也有其积极的方面。首先，固执的孩子通常比较有主见，他们不会随波逐流，无论身边的人多强大，他都不会感到威胁；其次，固执的孩子往往会比较专注，这对于他以后的学业、事业都很有益处，他们会在更短的时间里达到更高的高度；最后，这种性格如果能与耐力配合的话，通常做事情成功的概率会比较高。

在和固执孩子的相处过程中，家长应当摒弃自己的"控制欲"，绝对不要逼迫孩子，要学会和孩子沟通，给予孩子更多尊重，给孩子创造一个宽松的环境，用温柔的方式来实现自己的目的。千万不要与他"顶牛"，否则后果会很严重。

很多时候，倾听非常有效，对于固执的孩子来说，在那些与他有关的事情上，多听他的意见，是让父母、孩子都感到轻松的一种方法。父母需要掌握的原则是：只要不危及安全、不伤害他人、不妨碍孩子自尊的事情就让孩子自己去选择。比如他想在家玩模型，就不要强迫他出门。

教会孩子退让和谦虚。固执的孩子都比较有主见，不用强调他就想要争第一，反而需要教会他的是，如何以退为进，如何谦让。比如小孩子会经常因为抢玩具而不愉快,父母要从类似的小事中引导孩子,争抢玩具的结果是谁都玩不上。不如大家轮流玩,不但都能玩,而且大家还可以商量出更有趣的玩法。

开导不等于迁就。即使有再多的策略和招数,有时还会觉得教导固执的孩子是一场耐力测试。如果所有的宽容、理解、尊重或民主都不能奏效时,也要行使父母的权力。比如到了睡觉的时候孩子仍拒绝上床的话,可将他抱上床,并且告诉他:"睡觉的时间到了,即使你现在睡不着,也必须在床上待着。"在为固执的孩子定规矩时,既不要抹平孩子的棱角,也不要过于迁就孩子,更不要在孩子面前感叹他有多倔强,这样会让孩子觉得自己很特殊,或者让他自以为有权肆意妄为。

孩子固执的个性多半来自父母的基因,所以在"改造"孩子的同时,父母也别忘了自我修炼。父母应注意自己的言行,不要太固执己见。

间接劝导虚荣心强的孩子

美国儿童心理学家斯坦贝格在他的著作中写到，人类的嫉妒感可能早在婴儿期就萌芽了。不足周岁的婴儿看到母亲给其他婴儿哺乳时，会出现心率加快、面色潮红等不安反应，甚至哭闹不止。三岁以内的孩子看到父母亲夸赞或是抱起其他孩子，也会立刻哭闹或者表示不高兴；孩子长到五六岁时，会更容易嫉妒。

上学以后，频繁地被拿来跟同学比较，他们可能会遭到更多嫉妒的折磨。只不过随着年龄的增长，他们渐渐学会了"掩饰"自己的嫉妒心理。

当孩子表露出其"丑陋"的嫉妒心时，父母最错误的做法即是严加批评指责，以及冷嘲热讽，因为这只能使孩子更多地丧失自尊，以至于更加嫉妒。比较合理的应对方法是，耐心地与他沟通，了解引起他嫉妒的"背景"，语气平和，仿佛这并不是什么大不了的事。

家长需要安静地倾听孩子的表达。此刻孩子最需要的是向亲人倾诉自己的不安、烦躁，希望有人能倾听他的诉说，并理解他、体谅他。待你听完他语无伦次或是蛮不讲理的表达后，你不必就此事发表意见，相反，你可以轻松地说："呀！我还以为有什么大不了的事呢！"要知道，你的轻松和微笑可以有效地使孩子控制住自己的嫉妒心，使其强烈的情绪渐渐隐退。

或许，孩子时不时冒出的嫉妒心很难立刻扑灭，但父母完全可以聪明地引导劝说，将其转化为激励他前进的动力。

一个一年级的小学生对同桌有整套的变形金刚非常眼红。出于嫉妒的他对妈妈说："他一定是偷来的，不然不可能有那么多。"这位明智的母亲听后对他说："要是你不乱买零食，省下来的钱也能买好几个新的变形金刚了。"想不到孩子听后，真的下决心改变了乱花钱的坏习惯，省下钱来买变形金刚。这时，他也不再嫉妒别人了。

在日常言谈中，父母更要有意表现出对别人的宽容大度。作为家长，一定要注意，切莫在朋友发了一笔横财或同事升官时，出于嫉妒而对他们横加指责、冷嘲热讽，甚至恶语中伤。要知道，坏榜样的"力量"也是无穷的。当着孩子的面，家长要经常由衷地赞美自己的朋友、同事，为朋友、同事取得的成绩而高兴。孩子在潜移默化中，就会学到如何正确对待比自己更有能力、更成功的人，保持宽容、健康的心理。

孩子的虚荣心，就好像大人的"爱面子"，是一件很正常的事。孩子的虚荣更多的是单纯而强烈的不服输心理。适度的虚荣心可以激发孩子积极进取的内在动力，因此，父母要用宽容的心体谅、接纳孩子这一心理，给孩子的虚荣心留出适当的生存空间。但如果放任孩子的膨胀，就会阻碍进步，甚至会形成嫉妒成性、冷酷无情的性格。

家长应在平时多留心，仔细观察孩子的行为以及表现，敏锐捕捉孩子的心理动态。孩子由正常的虚荣心到过分地爱慕虚荣是一个逐渐发展的过程,其间会有很多明显的信号,比如孩子对服装、玩具等特别挑剔,抱怨父母不能像谁谁的爸妈一样一掷千金等等。当发现孩子有这样的行为时,唯有"随风潜入夜,润物细无声"地引导才是良策,所以不妨试一试"迂回战术"。

课代表的父母是什么职业,你最喜欢的同学是谁,同学们喜不喜欢你,妈妈有哪些优点等问题可以启发孩子认识到,小伙伴不会因为父母的职业就不喜欢你,大家最看重的还是你自己的表现。这最终会让孩子意识到:虽然妈妈不像医生那样神气,但是她很爱我,和妈妈在一起我很开心,我的妈妈同样让人羡慕!

这样迂回地提问,并不失时机地表达出父母的想法,有利于孩子接受家长的劝导。

还要注意的是,家长在纠正孩子过强的虚荣心之前,首先要检讨一下自己:"是不是自己平时爱面子,因而影响到了孩子?"父母的言行举止是对孩子最有力的间接说教。

旁敲侧击地引导孩子与伙伴们比学习、比品行、比技能,孩子就会慢慢地淡化吃穿等物质上的攀比,有利于培养孩子艰苦奋斗的精神。

在读懂孩子的前提下,选择有效地说"不"

孩子虽小,但都有自己的感情需要和意识需要。孩子的年龄小,不能很好地表达自己的情感、思想,这就要求父母用智慧去读懂和感受孩子的内心世界,读懂和感受孩子的独特思想,真正做到"知子莫如父,知女莫如母"。在读懂孩子的前提下,选择有效地说"不"。

已经快中午一点了,昭昭还在兴致勃勃地看动画片。妈妈几次催促让她睡午觉,她都只应声不行动。妈妈强行关掉电视,昭昭大哭起来。爸爸看见了便把她抱在怀里哄她。这时,昭昭说:"爸爸,我不想睡觉,如果不让你做喜欢的事,你会不会很伤心?"爸爸被问住了,妈妈也诧异,不知如何回答。

在这个案例中,昭昭的父母不知道如何作答,错过了一个良好的教育时机。

面对同一个问题,另外一对父母所选择的处理方式就很值得借鉴。

同样面对孩子不睡午觉,这对父母不是沉默不答,而是告诉孩子:"不让我做喜欢的事,我会感到痛苦,但一个人不是喜欢什么事情都可以去做的,要看这事对自己和别人的影响。不让你看电视,是因为你要午睡了；不按时午睡，对自己的身体健康不利。"孩子听后，乖乖地去睡午觉了。

父母把一些道理放到现实生活的具体事件中来讲给孩子听，大部分孩子是可以理解和接受的。

面对不同年龄的孩子，有不同的教育方法，当然也有不同的拒绝方式。

比如，两岁以前的孩子，要采用直截了当的拒绝方式。因为他们的语言功能还不够完善，理解能力有限，所以，采取直截了当的拒绝即可，比如直接对孩子说"不可以"或是对他摇头。当孩子有危险举动时，要马上制止，然后认真地告诉孩子，这样不对，不可以的。

对2到4岁的孩子可采用"冷却处理"的方式予以拒绝。

因为这个年龄阶段的孩子正处于人生第一个"逆反期"，他初步有了很多自己的想法，他认为自己是独立的个体，所以他要"闹独立"，叛逆性十足。对这个时期孩子的不合理要求，父母要采用适当方式加以引导，尽量避免采用强硬的处理手段。"冷处理"是不错的办法。当孩子有不合理要求的时候，可以先不予理睬，事后再同他讲道理。如果孩子是在公众场合哭闹，父母可以先把孩子安抚回家，再进行冷处理，这样还能保护孩子的自尊心。

对4到6岁的孩子，在拒绝时还应该"晓之以理"。

这个时期的孩子，在心理特征上处于一个过渡期，正从自我中心发展到认识周围的环境事物，同时，孩子在语言上的理解力也有了相当的提高。父母这时就可以跟孩子讲道理了。父母可以坦白而简单地向孩子详细说明为什么不能这么做，这么做会有什么后果，来帮助他提高分辨是非的能力。"冷处理"的方式也同样适用于这个年龄段的孩子，父母在冷处理之后再进行"晓之以理"，最后，别忘了给孩子一个爱的表达来抚慰他。

随着孩子年龄的增长，其感情和思想更加复杂，这就要求父母要懂一些成长心理学，研究孩子的年龄特征，灵活地运用说"不"的方式。

第一，孩子气质不同，父母拒绝方式也要有异。

孩子有不同的性格脾气，爸爸妈妈也可以针对孩子独特的气质，摸索出一套孩子易于接受的拒绝方式。

对性格活泼又比较固执的孩子，可以带孩子转换环境，让他冷静下来；对好奇心强的孩子，要想方设法把他的注意力从他坚持的事情上转移到其他新奇、有趣的地方。这样，孩子很快会忘记刚才的要求和不愉快。

对胆小而又依赖性强的孩子，可以温柔地暗示他。比如孩子不愿意睡觉，缠着妈妈，你不妨问他："妈妈明天还要上班，你想不想妈妈早点睡觉呀？那么，你该怎么做呢？"

对好胜心强的孩子，可采取激将法，利用孩子的好胜心理，让拒绝变成鼓励。比如孩子不愿打针，父母可以说："奥特曼连怪兽都不怕，一定也不怕打针。你呢？"

父母有技巧地花式拒绝孩子，可以加强孩子的思考，同时让孩子更好地成长。孩子的成长过程有其自身规律和年龄特征，父母必须了解掌握，这就需要父母不断地学习思考，多种尝试。

第二，有些拒绝孩子的方式不可取。

孩子在成长过程中，需要父母帮助他规范言行，需要父母给他建立规则。小孩子的天性是无拘无束，自由自在，被"规矩"左右的滋味最初肯定不好受。如果父母拒绝孩子的方式不恰当，就会激起孩子的反抗。以下一些拒绝孩子的方式是不可取的。

(1)拒绝的规则飘忽不定不可取。

有些父母对孩子执行规则不严谨,今天不可以,明天又可以,完全随心所欲。如果家长心情好就可以,心情不好就不可以,这样对孩子其实很不公平。孩子就会学会看家长的脸色,揣摩家长的心思,容易养成"讨好型人格";如果看孩子反抗程度而定,那等于变相鼓励孩子利用撒泼打滚来对付家长,于是,家长受到了孩子的控制,哪还能执行规则,有效拒绝孩子?

(2)态度居高临下、颐指气使不可取。

家长对孩子居高临下,是对孩子的不尊重也是对孩子不平等的表现。如果是性情倔强的孩子,双方势必剑拔弩张,亲子关系恶化。长此以往,感受不到家长的爱,孩子的心就会渐渐封闭,再也不回来;如果是一个性情温和的孩子,他虽然表面顺从,但心里会受伤,会逐渐变得谨小慎微,看人脸色,迷失自我。一旦脱离家长的控制,前者就如脱缰野马、行为失控,后者则茫然无措,不知道该做什么。

(3)对孩子进行情感勒索不可取。

孩子最不喜欢听的话如果有排名的话,这句 "你再怎么怎么样,妈妈就不喜欢你了,就不要你了"应该能排到前三名。对四岁以内的孩子来说,这简直就像是恐怖分子在要挟人质。在孩子眼中,爸爸妈妈就是自己的世界,是自己生存的依靠。爸爸妈妈不喜欢自己了,不要自己了,对他们来说意味着无法生存,那会带来怎样的心理恐惧啊!所以,这样的话,相当于情感勒索;而对于大一些的孩子,这句话又显得超级"孩子气",也许第一次管用,多用几次,孩子就知道你是在虚张声势。

其实，合情合理地拒绝孩子真的不难。只要父母能放下身段,蹲下来,理解并尊重孩子,用爱心、耐心和决心来执行规则,并且通情达理,充分地与孩子沟通,孩子就能理解并乐于接受你的拒绝。

第九章

接纳孩子的负面情绪

很多父母都比较喜欢接受孩子的积极情感，而对于在孩子们身上存在的消极情感，只会采取拒绝的态度。其实，孩子们更希望父母能够接受自己的负面情绪。

孩子为什么爱发脾气?

孩子到了一岁以后,一旦不如意,便大声哭闹、跺脚、打滚。这就是孩子开始发脾气。这些脾气不一定是对着别人,有时候还会冲着自己。

希望别人"那样",自己想要"这样"——这些欲望过于强烈,而现实又无法满足,这时孩子幼小的心便慌乱起来,在情绪上开始不安定。想睡觉了、肚子饿了、感到累了等,一点小事都可能引起孩子发脾气。

当孩子发脾气时,父母要立刻把他抱起来安抚,或者是平静地注视着他,等待孩子自己安静下来,除此之外没有别的办法。这种脾气暴躁期是孩子成长过程中的必经阶段,父母不要觉得孩子这是"学坏了",从而去责怪、训斥他。

很多孩子在商店,看到喜欢的玩具,便会要求父母买下来,一旦父母不肯,孩子就大发脾气,吵闹不止,甚至躺在地上打滚。怕丢面子的父母赶紧以满足孩子的愿望来使孩子停止吵闹、折腾。

孩子由此习得,只要自己发脾气,在人前大闹,父母就会满足自己的愿望。于是,每当孩子有新的愿望,父母不答应,孩子就大发脾气,最后,父母不得不屈从。久而久之,孩子越来越得寸进尺,脾气也越来越大,人也变得越来越任性、粗暴。

小乔4岁的女儿特别喜欢哭闹,以前父母总是在她哭的时候迁就她,结果女儿凡是遇到自己不满意的事情,便以哭为武器,眼泪说来就来。小乔觉得这样不行,于是找机会认真地告诉女儿,有什么要求,一定要说出充足的理由来,只要理由是正确和合理的,父母就一定会满足她。反之,如果不讲理地哭闹,那么即使是合理的要求,父母也不答应。

这天,女儿又开始闹了,原因是小乔让她先练钢琴,而女儿偏偏要先玩新买的娃娃。小乔一再给她讲道理,但女儿就是不听,而且还使用了她惯用的伎俩——抹眼泪。

这时,小乔见说理不行,马上断然宣布:"今天不能玩玩具了。"女儿一听,哭声又上了一个"音阶",乔庄也马上"升级":"明天也不许玩玩具了。"结果到了第二天,女儿果然没能玩成玩具,不过,她也没敢再哭闹,从此以后,她就很少再采用这种无理取闹的方式来表达要求了。

孩子不是天生"坏脾气"的,而是做父母的纵容了孩子坏习惯的养成。行为主义心理学指出,孩子们的行为无论好坏,一旦受到了成人的赞扬或奖励,就使这一行为得到了强化,以后在遇到类似情景时,这一行为就很容易再出现。

小孩子发脾气有很多种类型,只要区别其中的差异,才能有的放矢,做好排解工作。

(1)疲劳、饥饿或受挫折时发脾气。

孩子在饥饿、疲劳或感到困惑时,很容易发脾气,其发泄方式主要是哭叫或摔打东西。对此父母应及时做出反应,安排他小睡会儿或给他吃点东西。如果这样还不行,就要设法使他安静下来,问清楚他哪里不舒服,并安慰他、鼓励他,给他提供帮助。如果还不奏效,就让他去做些别的事情,以转换心情。

(2)寻求关注。

有时,孩子想要和父母玩,想要父母注意他,或者觉得父母忽略了他,出门不准备带他,于是就会连哭带喊,甚至重重地撞门。这时,父母需要对他微笑,对他说爱他,并把他放在一个安全的地方,让他发他的脾气,等他安静下来,再主动与他谈话。

(3)跟父母赌气,耍脾气。

"该吃饭了。"父母说,但孩子却说"不";"我们出去玩吧。"他还是说"不";无论父母说什么,他都反对。这时,父母可以推迟一些事情,可以放段轻音乐,让孩子放松一下,切忌做正面冲突。就像父母一样,孩子也有心情不顺的时候,等到雨过天晴就好了。

(4)恶作剧的发脾气。

孩子可能会专门在公共场合和人多的时候,发出尖叫。其实这也是博取关注的一种行为,对此,可以立即把他带离那个场合,既让他冷静下来,又作为一种惩罚。事后,父母应该告诉他这样做是非常不礼貌也不受欢迎的,是大家不希望看到的行为和表现。

(5)孩子的情绪失控。

有时孩子会在身体上和情绪上完全失去控制,尖叫着而且连踢带打地闹个不停,此时父母一定要保持冷静,尽量抱住他,让他平静下来,以防止他伤害自己或他人。事后,父母一定要认真和他沟通,找到原因并且分析深层次的原因,避免再次出现这种情况。

当孩子发脾气的时候,父母应该采取如下措施。

首先,最重要的是要搞清楚孩子发脾气的原因。

其次,父母要尽量从孩子的角度看问题。比如父母是否太"专权"了,什么都说了算,让孩子缺乏成就感。针对这种情况,父母可以在一些无关紧要的事情上让孩子做决定,教他如何做出正确的决定,这才是他真正成长的开始。

最重要的是,在孩子发脾气时,父母一定要控制情绪,保持冷静。如果他不愿洗澡,父母不妨让他再玩一会儿,但不能放弃让他洗澡。切记让步要有理、有利、有节,让步不能过大,也不能过于频繁,否则,他很可能会养成用发脾气与父母讨价还价的习惯。

一般来说,随着孩子年龄的增长,发脾气会越加频繁和具有分裂性,而且难于控制。最好的策略是用以往行之有效的办法,年龄小的孩子以安抚为主,年龄稍大的孩子则是先让他冷静下来,再讲道理沟通。

如果孩子4岁到5岁时还继续发脾气,父母一定不要跟着生气。这时,可以告诉他,父母也很累,也很烦躁,但是任何时候都要控制情绪,帮助他认识到这种行为如何不好,千万不要对他打骂,要耐心、耐心、再耐心。切记,在教育孩子方面绝没有捷径可走。

就像面对成年人一样,在孩子发脾气时不要试图与他讲道理。父母可以把这当作是孩子提高语言技巧的机会,诱导他把发脾气的原因说出来,一定要沉住气倾听他的解释。即便是孩子错了,也不要当时就与他理论,一定要等到孩子平静下来,再与他谈话,指出他方才所做的有什么不对之处。

如果孩子一次发脾气的时间过长,或经常一天发三次以上脾气的话,那就应该寻求专业心理医生或儿科医生的帮助了。

让孩子有适当发泄的机会

人是群居动物,作为父母,当孩子在外面"撒泼"时,第一感觉常常是觉得很没面子。此时被忽略的,却是孩子的心情与情感需要。于是,父母便会对孩子的行为进行压制。

其实,这样做是不对的。成年人往往知道该做什么不该做什么,成年人可以控制自己的行为,尽管如此,也不是每个人都可以很好地控制自己的情绪,何况是孩子,他们的表达能力往往有所欠缺,不知道应该通过什么样的方式来表达情感需要。

父母应该明白,发脾气是孩子正常的情绪宣泄,要允许孩子发发小脾气,但更要找到孩子发脾气的原因和安抚孩子的方法。

文文从小就是个倔强的孩子,亲戚朋友都说:真的是属牛的。妈妈常常对朋友说:"我家文文一般都很乖,就是脾气一上来,怎么说、怎么劝都不行,真是软硬不吃。"老师告诉文文妈说:"她这样做肯定是有原因的,不会无缘无故就哭闹吧? 你可以认真观察一下。"

文文妈还真是发现了端倪,文文总是在父母不耐心或有恼怒表情后开始"发脾气",而且不讲道理。妈妈去请教老师,老师分享了一些文章给文文妈看,其中讲到孩子对归属感的寻求,妈妈有点明白了,也许是文文看到父母生气,会想到他们不再爱她,所以有危机感,因恐慌而暴怒。

找到原因之后,妈妈就有解决办法了。有一次,文文又闹起来,这次妈妈没有立刻训斥他,而是立刻抱着文文说:"妈妈知道你现在很不开心,能不能告诉妈妈为什么难过呢?"这样问了一阵,文文终于吞吞吐吐地说:"我看你刚才生气,以为你不喜欢我了。"

"傻孩子,妈妈怎么会不喜欢你,刚才妈妈情绪不好,所以对你态度也就不好了。可是妈妈是喜欢你的,你要相信妈妈。"这样以后,每当文文有迹象要发怒时,妈妈首先向文文声明她喜爱文文。这样坚持了一段时间,文文的状态好多了,发脾气的频率也越来越低。

孩子经常发脾气,不仅不利于孩子的情绪稳定,也不利于孩子的生长发育。所以,父母要尽量避免孩子哭闹、发脾气。那么,当孩子发脾气的时候要如何应对呢?

一定要根据发脾气的原因"对症下药",方能奏效。就像案例中的文文妈妈,既然找到了孩子发脾气的原因,那也就找到了减少孩子发脾气的办法。

假如孩子正在生气,要允许他发泄。父母可以安静地等待孩子,安静地看着孩子,不去打断他的怒气,全神贯注地关注孩子。这就是在用行动告诉孩子:"妈妈在意你,妈妈在认真地注意你的感觉或问题。"给孩子发脾气的权利,有助于孩子宣泄心理能量,也是对孩子关爱的表达。

孩子发脾气时,父母除了表示对他理解和关怀外,还要尽量转移他的注意力,让他去做感兴趣的事,或者是去户外活动。有规律的深呼吸也有助于孩子身心松弛。

发现孩子有发脾气的苗头后,父母要鼓励孩子表达自我。一旦发现孩子的情绪有异样,父母应立即提醒他,并搞清哪些事情正在困扰着孩子,并向孩子提供一定的帮助。

父母需要细心地观察孩子、理解孩子、陪伴孩子,允许孩子自由地表现,在理解的基础上进行引导,保证孩子的健康成长。如果孩子的坏脾气已经形成,第一,可以采取冷处理方式,在其发脾气时故意忽视他,让他自己冷静;第二,可以帮助孩子用适当的方式发泄,如做运动、唱歌、大喊等等。

孩子的喜怒哀乐等情绪通常是毫无掩饰的。他们大声表达,大声欢笑,勇于表达爱和恨等情绪。这是孩子心理的一种优势,一种使得孩子能及时宣泄各种情绪能量的优势。这种自然流露并不是什么不好意思的事,只要不扰乱别人,不伤及别人,就没有什么对错,并且父母要鼓励孩子这样做。

疏导孩子的消极情感

生活中,很多父母都愿意做孩子的朋友,也都喜欢倾听孩子的心声。可是,他们却比较喜欢接受孩子的积极情感,而对于在孩子们身上存在的消极情感只会采取拒绝的态度。

其实,孩子们更希望父母能够接受自己的负面情绪。如果看到孩子伤心难过、愤怒切齿、烦躁郁闷,在第一时间,父母应该给予积极的指导。只有这样,等孩子们长大以后,面对挫折的时候,才可以以积极的心态正确面对。只有在父母的包容和支持下,他们才会更加自信地面对生活,才不至于轻易被困难击倒。

片段一

儿子对妈妈说:"妈妈,今天我的笔记本被人偷了,我很难受。如果让我发现了是谁偷的,我一定会揍他一顿!"

妈妈急忙劝阻他说:"虽然偷东西的人十分可恨,可是千万不能进行报复!"

片段二

回家的路上,李刚的自行车不小心被同学撞了一下。李刚很不高兴,回到家里之后,就和爸爸诉起苦来:"撞了自行车,连声对不起都不说。真的!明天放学之后,我会狠狠地撞他一下!"

听了儿子的话,爸爸说:"同学之所以没有向你道歉,很可能是当时有急事。放学的时候,学校门口那么多人,互相碰撞一下在所难免,你可不要做错事啊!"

上面的两个片段中,家长都接纳了孩子的感受,可是当孩子出现了报复情绪的时候,两位家长都积极制止了孩子的行为。

生活中,任何一个孩子都会遇到受委屈的情况,当孩子向家长诉说的时候,家长一定要耐心倾听,接受孩子的感受;同时,当孩子有了恶意想法的时候,一定要加以制止和限制。

孩子之所以会有"报复"这样的设想,很多时候是由父母造成的。因为,在以往的情况下,当孩子将自己心中的感受告诉给父母的时候,父母根本就没有耐心倾听孩子的心声。父母们往往会扮演行为训练师的角色,将那些口头禅挂在他们的嘴边,比如"你应该这样做""这样才是对的""你这样才是乖孩子"等。

当父母发现孩子根本不听自己的话，自己和孩子的沟通出现问题时，为了控制孩子的行为，他们就会学习新的方法，他们会不停地努力，直到孩子的行为让他们满意为止。

久而久之，孩子就成了他们眼中的乖孩子，这时候，父母就会满意了。可是，当孩子独自一个人去对外面的世界进行探索时，他们不是过度的小心谨慎，就是总是以好孩子的标准要求自己；不是反叛、对抗父母的要求，就是让亲子之间的沟通变得越来越难。

做父母的必须清楚，孩子的感受和他们的行为是有直接联系的。孩子有了好的感受才会有好的行为。要让孩子有好的感受，就必须接受他们的感受，而不是一味地限制和控制他们的行为。

很多时候，当孩子想去做某件事情的时候，父母都会给他做一些行为上的限制，比如"不准到河边玩""不要和陌生人说话"等。父母这样做，会对孩子起到一定的警示作用。不过，有一点是需要注意的，就是在给孩子定某项规矩时，应该对他们解释清楚，即哪些行为是不允许的，哪些行为是允许的。

星期天，6岁的贝贝和妈妈一起去超市买东西。妈妈挑选东西时，贝贝在玩具柜台前走来走去。贝贝相中了柜台里的一件玩具，将它抱在怀里。

贝贝抱着这件玩具走到妈妈身边，用肯定的语气说："妈妈，我想要这件玩具。"

由于妈妈没有计划为贝贝买玩具，就脱口而出："还要玩具，家里那么多，都玩不过来了，不行！"

贝贝满脸的不高兴，只好将这件玩具乖乖地放回到了原处。

回到家里之后，妈妈意识到自己的话说得不对，想去安慰孩子。她从冰箱里拿出贝贝喜欢吃的食品来讨好女儿，可是贝贝仍是一脸的不高兴。

对自己没有把握的事情，孩子们往往期望得到家长的参与。孩子们需要一个明确的定义来区分可行和不可行行为，例如"你不可以摔水杯，可以拍打皮球""不要在弟弟身上练拳击，要在拳击包上练"等。当他们了解了这个界限以后，才会感到更安全、更踏实。父母就应该帮助孩子处理这类情境，给孩子制定一些规则。

平平是个淘气的小女孩，在家里，不是乱扔果皮纸屑，就是将妈妈刚洗干净的床单弄脏。为此，妈妈说了她好多次，可是，每次平平都是嘴头上答应，以后还是会再犯。

一天早上，妈妈走到门口，换掉了拖鞋，可是，却发现自己的靴子里面湿漉漉的。她脱下来，伸手进去摸了摸："靴子怎么会是湿的呢？"妈妈想了想，来到了女儿的房间。

妈妈摇醒熟睡中的平平，问："告诉妈妈，你做什么坏事了？"

平平一动不动。

"没事的，只要你承认了，我是不会责怪你的！"妈妈承诺说。

"我昨天将一杯水倒在了你的靴子里！"平平将自己的脑袋伸出来，揉揉眼睛，说，"昨天晚上，我想让小鱼在你的靴子里面游泳。"

"以后，可不能这样做了！"妈妈说，"而且，任何时候都不能将水倒在靴子里！更不能将水洒在靴子上，如果确实已经洒上了水，就要和爸爸妈妈说一下，让爸爸妈妈帮忙处理。"

平平点点头。

情绪化的孩子怎么教

　　如果想给孩子设置一些限制,就不能是片面的,更不能是留有空子的。例如,面对能否往靴子上倒水的问题,如果妈妈说:"你少弄点水可以,但不许弄得太湿。"这种含糊其词的说法只会把孩子的好奇心调动起来,却不能避免孩子做父母禁止他做的事情。

　　我们在管理孩子的时候,往往是针对某一具体的事件而进行的,想要在一次的管教之下解决所有问题是不可能的。如果家长对某一件事拿不定主意,最好先不要表达自己的意见,犹豫不决的态度会使家长陷入与孩子无休止的争执中。因为,给孩子提出限制,必须以坚定明朗的态度说出来,任何一个限制都要经过仔细考虑后再做出来。

　　小丽很喜欢看动画片,平时看的时间还不是很长,可是一到周末,小丽在电视旁边,一坐就是一天。

　　爸爸知道这样不但会耽误小丽的学习,而且会影响她的视力,于是,便决定和女儿谈一谈,给她设定一个看电视的时间限制。

　　他打算将女儿看电视的时间控制在两个小时以内,可是,妈妈却提出了异议。"是不是太短了点儿,原来她是一看一天,现在突然改成两个小时,就怕她一时适应不了。要不这样,上午两个小时,下午两个小时。"

　　听了妻子的建议,爸爸觉得比较合理,便决定采用妈妈的建议。

　　第二天,爸爸便将这个决定通知了小丽。周末两天时间限制:上午两个小时,下午两个小时,晚上一个小时。女儿虽然不乐意,可是,看着爸爸妈妈坚决的表情,也不敢反抗了。

　　虽然在其他家长眼里，一天五个小时看电视的时间对孩子来说还是太长了，但由于小丽的特殊情况，这样的决定更加有执行力，也更容易被小丽接受。

　　在给孩子设定限制的时候，要经过审慎的考虑，不仅要尽量避免孩子的抵触心理，而且还要保护孩子的自尊心，因为我们的目的是建立一种秩序和权威，而不是为了侮辱孩子。

　　为了给女儿做出看电视的时间限制，爸爸妈妈进行了沟通，然后，将最终的决定告诉了女儿。不可否认，这种做法是正确的。试想，如果爸爸没有和妈妈商量，而一厢情愿地给女儿提出要求，当妈妈发现了之后，一定会提出自己的异议。到时候，执行起来也就困难了，而且还会给女儿留下犹豫不决、态度不明朗的印象。这样，女儿执行起来，也就不会积极主动了。

冷静处理孩子的负面情绪

　　与成年人一样，孩子们都有自己的思想，他们也希望自己的感受能够被别人接受，其中，也包括他们的负面感受。

　　如果看到孩子出现负面情绪，父母说："你怎么这么不懂事，以后别这样了。"那么，这个说法就是在否认孩子的不良感受。这样做，不但不会使孩子的负面感受消失，反而会让孩子感到压抑，从而否认自己，会对孩子的心理造成一定的伤害。

情绪化的孩子怎么教

孩子在生活中偶尔流露出来的负面感受，其实只是他们的一种表达方式，不需要把它想象得多么严重。在面对孩子的负面感受的时候，家长自己先要冷静。

小易一年级和二年级都是数学课代表，升了三年级之后，他一心想做班长，于是在竞选的时候做了充分的准备，但是还是落选了。小易十分难过，回到家，一边哭一边对妈妈说："真是太不公平了！"

得知儿子落选的事之后，小易的妈妈觉得他需要宣泄，于是，便任由孩子尽情地哭。

等到小易抽抽搭搭地擦眼泪的时候，妈妈说："儿子，妈妈理解你，你的努力妈妈都看到了。"

小易哽咽地说："可是，你看到有什么用呢，你又没有投票权！"

妈妈摸摸儿子的头，说："我也有过和你一样的感受！自己做得很辛苦、很努力，可是，最后却没有得到他人的认可，确实是一件让人感到委屈的事情。"

"他们根本不了解我，他们只知道选那些马屁精！"小易愤愤地说。

妈妈问："你为什么认为那些被选上的人都是马屁精呢？"

"他们就是马屁精！他们在私底下，拉拢了很多同学，他们根本不如我！"儿子回答说。

"你觉得自己哪方面比他们强？"

"我的数学、英语都是班上前几名！"

"在这些方面，妈妈知道你确实很好，但是，孩子你要知道，选班长并不一定是凭成绩的。"

第九章
接纳孩子的负面情绪

当孩子情绪不好时,父母的言谈举止一定要谨慎,要努力接受他们的感受。这时候,如果父母的情绪也不好,或者生气、教训、批评、训斥孩子,一场不愉快就会由此产生。不仅会让孩子哭得更凶,情绪变得更坏,父母也会更难过。最严重的是,孩子或许会因为这件事情,形成一些不良的个性。

玲玲最喜欢去海外玩沙子了。星期六,妈妈终于带她去了海边。她高高兴兴地在沙滩上跑来跑去,然后又用小铲子和其他工具做了一个小小的城市。时间一晃而过,很快便到了回家的时间,可是,玲玲还没有玩够,不愿意离开。

再不回家天就要黑了,妈妈只好警告她:"时间到了,10分钟之后,我们就得离开。"10分钟后,妈妈过来拉玲玲回家。玲玲说:"我不回去,我要玩。"

妈妈说:"我知道你玩得很高兴,可时间到了。"

"不,我不走!"玲玲挣脱妈妈的手,向后退了几步。

妈妈迎上来,一把抓住她的胳膊,说:"现在我们必须走了。天晚了!"玲玲没办法,只好跟妈妈走了。

可是,回到家里之后,女儿一个星期都没有和妈妈说话。

情感需要宣泄,要求孩子压抑,只能让孩子感到更难受,更难控制自己的行为。当孩子的情绪不稳定的时候,家长最好等待一下,先让孩子将自己的感受表达出来。接下来,才能针对具体情况,与孩子沟通。生活中,有些孩子因为害怕失去父母的爱,常常会无条件地克制自己,即使受了委屈,也会将自己的怒气和不满在父母面前隐藏起来。

一天，小杰从幼儿园回家后，心情很低落。他走到妈妈跟前，一脸委屈地说："妈妈，今天一整天小铭都没有跟我玩。"

"所以你今天很不开心，是吗？"妈妈问。

"对，我明天也不理他了。"小杰忽然觉得有人可以理解他，听他诉说，他的心情变得有些开朗了。

"可是，小杰，你只是因为今天一天小铭忽略了你你就这么生气，是不是有点小题大做？"妈妈说。

"可能是的。"小杰若有所思。

"你很珍惜小铭这个朋友，是吗？"妈妈关切地说。

"是的，他是我最好的朋友，所以我才会比较在意。"小杰的心情很复杂。

"哦？"妈妈的表情也开始变得很复杂。

过了一会儿，小杰开始分析原因："过去我们很好，他整天都会跟我一起玩，但是现在不同了。"

"哦，你是说，小铭现在有了更多的朋友，是吗？"妈妈开始了解事情的原因。

"不过，小铭比以前更活泼了。"小杰说。

"所以说，你其实觉得小铭现在很好，只是你觉得寂寞。"妈妈随之分析到。

"是的，妈妈。他是我的朋友，但也不仅仅是我的朋友，我们都会有新的朋友，更多的朋友，对不对？"

在孩子的心中，父母是自己最亲、最信任的人，因此他们往往会很愿意将自己的负面感受告诉父母。作为父母,这时就应该放下手中的一切活计来安静、专心地倾听,接受孩子的负面感受,并且帮助孩子去思考,想通这些事,从而获得成长。

再试一次,可能会更好

现在,大多数孩子都很活泼,但还是有许多孩子比较内向,做事谨小慎微,集体活动不愿意参与,讨论也不发言,老师提问也不敢抬头,这样的孩子往往会因怯懦而失去开拓进取的机会。

在漫长的历史发展过程中,人类经历了由丛林到平原、从狩猎种植到机器生产的开拓创新阶段,每一次社会文明进步都是以生产方式的创新为根基的。同样的道理,孩子的发展也要秉承与时俱进的理念,在亲子教养中不断拓展新境界。因此,父母要鼓励孩子大胆尝试,勇往直前,也只有这样,孩子未来的路才能走得越来越好!

美国有一个以培养世界杰出的推销员而闻名于世的学会。在每期学员毕业时,都会收到一道最能体现销售员实力的实习题,让学员去完成。

克林顿总统任职期间,有一道留给学员的题目是:"请把一件衣服卖给现任总统。"8年间,无数的学员为此努力,最后都无功而返。克林顿离任后,有一道留给学员的题目是:"请把一把斧子卖给布什总统。"

学会承诺,做到的人会收到一只刻有"最伟大的推销员"的金靴子。许多学员对此毫无信心,甚至认为,,把斧子推销给总统是根本不可能的事。

然而,还是有人做到了,有一个叫乔治·赫伯特的推销员调查得知,小布什总统在得克萨斯州有一个农场,里面长着许多树。

乔治·赫伯特信心百倍地给小布什写了一封信, 信中说:有一次,有幸参观了您的农场,发现种着许多矢菊树,有些已经死掉,木质已变得松软。我想,您一定需要一把小斧子,但是从您现在的体质来看,小斧子显然太轻,因此你需要一把不甚锋利的老斧子,现在我这儿正好有一把,它是我祖父留给我的,很适合砍伐枯树……"

后来,乔治收到了小布什总统15美元的汇款,从而获得了刻有"最伟大的推销员"的金靴子。

乔治·赫伯特成功后,学会在表彰他的时候说:"'金靴子奖'已空置了26年。26年间,学会培养了数以万计的推销员,造就了数以百计的百万富翁,这只金靴子之所以没有授予给他们,是因为我们一直想寻找这么一个人, 这个人不因有人说某一目标不能实现而放弃,不因某件事情难以办到而失去尝试的机会。"

事实证明,只有敢于尝试才能获取成功。父母应该从小培养孩子的勇气,鼓励孩子勇敢地去尝试,尝试更多可能,尝试更宽阔的领域。获取成功的路上,需要千百次的尝试。

第九章
接纳孩子的负面情绪

　　乔治今年4岁，是一个很活泼的小男孩。他每天早上看到父亲做饭，烧水泡茶，都跃跃欲试。父亲有心让他尝试一下，但是又担心他烫到自己或者不小心伤害到自己，但是看乔治好奇的样子，父亲又觉得，他能保证乔治在自己视线之内，不动那些危险的开水。因此父亲还是决定要让乔治知道，会发生什么危险，并学习如何躲开这种危险。

　　父亲先教乔治烧热水，当然，他把水壶里的水换成了温水。

　　告诉乔治，水烧开时，水汽会将水壶蒸热，所以要垫上毛巾才能拿，水很热，要注意，不能让水壶倾倒下来。第一次尝试时，半壶水都倒在了乔治身上，由于是温水，所以没有烫到乔治，只是弄湿了他的衣服。

　　"这是因为你的力气不够，"父亲说，"你需要用两只手。"

　　"不，爸爸，我再也不拿水壶了。"乔治胆怯地后退着，"我知道，这很危险，我再也不碰了。"

　　"你一定要再试一试，你有这个能力。"父亲鼓励他，"用我教你的方法，你一定行的。"

　　在父亲的指点下，乔治又试了一次。这次，他安全地把水壶取了下来。

　　父亲的想法非常简单："要给孩子失败的机会，面对失败，一次次改正错误，直到成功。这不只是教孩子学习并掌握能力，同时，也是让他领会一种人生态度。"

　　孩子的胆量或许生来不同。有些孩子天生比较不爱说话，怕生，不敢表现自己。可是更多的孩子并不是天生胆小，而是父母的责任造成的。父母安全意识过强，老是吓唬孩子，孩子无论干什么父母都说"危险",久而久之,孩子就会总结出一条经验,最可靠的办法是什么也别摸、什么也别干,最终孩子就变得胆小怕事,没有勇气。

一个什么都不敢去尝试的孩子,怎么能够有伟大的前途呢?那么,父母应该如何培养孩子大胆尝试的性格呢?

(1)鼓励孩子大胆尝试,不断体验。

孩子喜欢玩弄东西,一粒石子、一张纸片,都是他们最好的玩具。他们拿着石子敲一敲、按一按,会知道石子是坚硬的;他们拿着纸片挥一挥、折一折,就会知道纸片是比石子柔软的。他们在这种尝试中得到许多生活常识,增长了许多知识和经验,为以后的发明以及创造奠定了基础。所以,父母应该鼓励孩子去大胆尝试,不要总是打着保护的旗号限制他们的活动自由。想让孩子有所创造,必须给他们大胆尝试的机会,孩子只有在尝试过程中,才会获得成功的快乐和生活的体验。

(2)不要让孩子被固定思维束缚。

有些人在思考问题时,一直按照同一种方式来思考,久而久之,就形成习惯。被固定思维束缚的人通常都不愿意尝试,而对很多人和事抱有"偏见"。那么,如何避免孩子不被固定思维束缚住呢?那就要鼓励孩子自己去大胆尝试。

(3)为孩子提供多种机会。

当发现孩子对什么游戏或者什么事情感兴趣的时候,要给孩子提供尝试的机会并适当引导,让孩子通过自己的努力品尝到胜利的喜悦。比如当孩子想要帮妈妈扫地的时候,不要嫌麻烦,而要帮助他,告诉他怎么用扫帚,怎么倒垃圾,并大声夸赞他干得真棒,孩子会很快乐,对自己的能力充满自信。

(4)孩子尝试失败的时候要及时开导。

孩子尝试的过程不会一帆风顺,他们会经历失败,妈妈要做的是在孩子失败的时候给予支持。比如孩子想试着自己剥蛋壳,结果,把鸡蛋都捏碎了,这时要鼓励他:"不错,下次会更好的。"请记住,如果孩子失败的时候被讽刺了,那会把孩子探索的热情熄灭掉;也不要怜悯孩子,那会使他丧失勇气。

(5)帮孩子树立信心。

正所谓"天才不过是百分之一的灵感,再加上百分之九十九的汗水",孩子大胆尝试和创新,需要付出艰辛的努力,特别是从事自己没有进行过的"工作",失败是不可避免的。妈妈要做的就是帮孩子树立坚定的信心,迎接艰苦的挑战。

(6)及时赞美孩子。

要对孩子尝试过程中表现出的创造力予以赞赏。孩子的调皮和恶作剧也都是孩子创造力的萌芽,不但要表现出你的欣赏,还要表现出你有极大的兴趣来了解他的创造力产生的过程。你的鼓励会使孩子继续创造、乐于创新。

制造机会，鼓励孩子自立

养育孩子是父母的责任，但父母不要将孩子牢牢地抓在手里，让他们无法动弹，而要对孩子适当放手，让孩子自由翱翔。因此，在保证孩子安全的前提下，请放手让孩子去做力所能及的事情。

没有人能代替别人的人生，父母也不能代替孩子，父母只能帮助他们，他们获得的一切都要靠自己去闯、去努力、去奋斗，而这一切，没有自立自强的意识和精神，是很难取得满意的结果的。父母应该明白，独立既是生存的需要，也是孩子成长中的必然一课。

一天，妈妈爸爸带着姐姐和4岁的弟弟去游泳。

姐姐很快换好游泳衣准备下水了，而弟弟还呆呆地站在更衣室等人帮他。大家都等着他，他还是无动于衷，妈妈只好回去找他。

"你站在那儿干什么？穿上游泳裤！"

"我不会。"弟弟回答。

妈妈只好说："过来，我给你穿。"

因为弟弟已经习惯了妈妈帮他换衣服，这样他可以获得妈妈的额外注意力。姐姐也很高兴妈妈这样做，因为她可以在爸爸妈妈面前表现自己比弟弟能干。

妈妈急于帮助弟弟，使姐弟俩的计划都成功了。

而实际上,弟弟需要的是鼓励,他并不需要妈妈对他全方位的服务,只是需要一点点自己尝试的勇气,妈妈可以边指导示范,边看着弟弟自己做好这一切,妈妈不能催促他"快点,快点",而应慢慢地说:"你可以自己穿上,慢慢来,不行妈妈再帮你。别忘了,你已是一个大孩子了。"如果弟弟还坚持认为他不能自己穿,妈妈就应继续鼓励他:"你肯定能自己穿上。妈妈闭着眼睛数十下,看你能不能穿上。"

这时弟弟可能继续尝试,也可能开始哭起来,不再作任何努力。即使他可能不会和大家一起游泳,妈妈也不能帮助他,尝试的过程一旦中断就前功尽弃。当弟弟发现他不能和大家一同玩,他可能改变主意,从此尝试靠自己解决问题。

3岁的媚媚在妈妈的桌边玩,而妈妈在看书。

"妈妈,我想睡觉。"

"好啊。"

"妈妈陪我睡。"

"妈妈还要等一会才能睡。"

"我害怕。"

"不害怕,妈妈就在这儿。"妈妈轻轻地说。

"我不能自己去睡,我要让你和我一起睡。"妈妈看了看她,不再说话了,媚媚开始哼哼唧唧,但过了一会儿,发现妈妈并不理睬自己,只好自己起来去睡觉了。

媚媚的妈妈使用了正确的教育孩子的方法。可能过去对孩子也有或多或少的纵容,可是现在妈妈开始注意自己的行动,让她尽量独立。当妈妈拒绝了她的要求，媚媚想用发脾气来要挟妈妈，而妈妈坚定地、温柔地拒绝了她。

终于，媚媚在走向独立的道路上迈出了一步。

罗伯特·汤森说："人最终要独立地走向社会，就必须拥有自主独立的能力。因此从小就培养自我意识，培养自主、自立、自强的精神，认知和实践能力。自我发展本身也是个人对自身的一种反思。正是从这种反思中人才不断地找到自我、超越自我、实现自我。"独立就是自我生存的意识和能力。

无论是大人还是孩子，做事情都不可能一蹴而就，都有一个学习的过程，孩子尤其是如此。他们从不会到会是一个相对漫长的过程，从做得不好到做得很好或许需要更久。有一个比喻是说，孩子的成长就好像牵着蜗牛散步，需要很多的耐心，所以在看到孩子做得不好时，不要求全责备，也不要看到孩子做不好就去代替他，这样等于剥夺了孩子锻炼的机会。

父母要注重孩子在尝试的过程中的收获和成长，这是价值所在。孩子只要自己愿意做事，不管做得如何，家长都应该鼓励他。孩子获得鼓励后就会感到自己有了自信。这种感觉非常重要，它是培养孩子独立性的一种动力。

丹丹是家里的独生女，从小，妈妈就把她的生活事无巨细安排得十分周到。随着女儿的渐渐成长，她有了自己的小想法，也需要自己的空间，她开始对妈妈说说："妈妈，我自己也能独自处理好自己的生活。"

妈妈想，那可以试试看她到底行不行。

于是，爸爸出差之后，妈妈留下了一张字条后也出门了。字条上说："外婆有点不舒服，我需要去照顾他，所以，也许三天，也许一个星期，我不会在家，希望宝贝能照顾好自己。"妈妈走的时候还非常担心，但是又想给女儿一点教训，让她知道离不开妈妈。

第一天，丹丹尽情地玩耍，把房间搞得天翻地覆。第二天，她醒来一看，房子里乱糟糟的一片，不能再这样疯玩了，要好好安排一下，把房间打扫干净了再玩。

一个上午过去了，丹丹把房间打扫得干干净净，中午还用冰箱里剩余的食材给自己准备了简单的午餐。

三天后，妈妈回来了，当她看到整洁的房间和女儿时，突然间觉得很欣慰："原来，孩子是具备独立做事的能力的。看来，以后要多给孩子创造独立做事的机会。"

由此可见，父母不用太担心孩子，更无需低估孩子的能力，孩子自然有自己的办法。父母只需要告诉孩子必要的安全知识，大可放手让孩子自己去做一些力所能及的事，早一点体验独立的生活；父母只需像朋友一样站在孩子的身边，在他需要意见的时候帮助他，但最终的决定权还是放在孩子手上。当发现孩子的一些决定不太合理的时候，父母可以在事情结束后与孩子探讨，让他认识到自己的问题，让他得到教训并学到经验，从而明白下一次应该怎么做，从而走向真正的独立自主。